FRANCISCO ALBERTO MADIA DE SOUZA

MARKETING TRENDS 2022

AS MAIS IMPORTANTES TENDÊNCIAS DO MARKETING PARA OS PRÓXIMOS ANOS

M.Books do Brasil Editora Ltda.
Rua Jorge Americano, 61 - Alto da Lapa
05083-130 - São Paulo - SP - Telefone: (11) 3645-0409
www.mbooks.com.br

Dados de Catalogação na Publicação

SOUZA, Francisco Alberto Madia de
Marketing Trends 2022 / Francisco Alberto Madia de Souza
São Paulo – 2022 – M.Books do Brasil Editora Ltda.
1. Marketing
ISBN: 978-65-5800-093-8

©2022 Francisco Alberto Madia de Souza

Editor
Milton Mira de Assumpção Filho

Editoração
3Pontos Apoio Editorial

Produção editorial
Lucimara Leal

Capa
Isadora Mira

2022
Direitos exclusivos cedidos à
M.Books do Brasil Editora Ltda.
Proibida a reprodução total ou parcial.
Os infratores serão punidos na forma da lei.

SUMÁRIO

1. **ADMIRÁVEL MUNDO NOVO** **15**
   Ciranda, Cirandinha 15
   Princesa Isabel, socorro! 17
   Bretton Woods 2022 19
   Brennands, Farias, Cardosos 21
   Delirius Digital Tremens 23
   Quem pariu e detém a inteligência artificial que a eduque 25
   O dia em que morrer será opcional 26
   Hoje vamos falar sobre o futuro 28

2. **INTELIGÊNCIA DE MERCADO** **31**
   Quando Zôdio fechou as portas 32
   "Retenção de Clientes" 33
   O novo normal, ou o normal de sempre? 35
   Você é leitor ou ouvinte? 37
   Jair Messias e Djoko. Ninguém muda ninguém 38
   5 Razões para o Google ter comprado a Fitbit 40
   Crônicas do museu, ou vozes das catacumbas 42
   Ser "velho" uma mega vantagem competitiva 45

3. **SUCESSOS, FRACASSOS, APRENDIZADOS** **47**
   Enfant gâté, ou o sapo e o escorpião 48
   Pagando para vender 49

Diamond Princess 51
O mundo das cápsulas, ou a tríplice coroa da Nestlé 53
USNS Comfort, o preço do achismo 55
O dia em que o mágico asfixiou a pomba e matou o coelho............56
Raridade: empresário assumindo e confessando erros.................58
Schweppes, Dakar 2 59

4. BRANDING **61**
Grupo Sujinho..62
Pior que Riquelmes em profusão é a pandemia de siglas.............63
BAD – Branding a Distância is Bad..65
Panetone Bauducco 67
Marcas próprias, velhas e abomináveis tentações 69
Cleusa "Sodiê" a Cleusa que não é presentes…
   E que jamais considerou desistir...70
Lições circunstanciais de Branding por um cirurgião plástico 72
"Corona" é bom ou ruim? 75

5. DESAFIOS, AMEAÇAS, OPORTUNIDADES **77**
Hoje vamos falar sobre reconstruir futuro. Convocamos o mestre 78
Brincando de Escritório 80
A paz 82
Vamos nos respeitar 83
Park Avenue 432 85
Olímpia, serendipismo e epifania 87
O maior Carnaval do Brasil… Pra tudo terminar na
   quarta-feira mesmo 88
Aves e pássaros feitos para voar 91

6. COISAS DOS BRASIL **93**
A mãe de todas as reformas...94
As tais – e devastadoras – fotografias 96
Comunicação, a batalha perdida 98
Carência de abraços 99

    Genomma, uma farmacêutica atípica 101
    O emagrecimento das caixinhas 103
    Costanza, 82, a régua. Tarcísio, 85, o compasso 104
    A marca dos países 107

7. EFEMÉRIDES E ÍCONES 111
    Em meio à pandemia, uma... Língua! 112
    Warren Buffett, 91, e a coronacrise 113
    Virgin continua Virgin 115
    Coco Chanel 117
    O Mágico de Oz 119
    Akio Morita, seu nome é saudades 121
    Jorge Paulo Lemann 122
    Julio Bogoricin 124

8. INOVAR É PRECISO, VIVER NÃO É PRECISO 127
    Cingapura, apenas uma fotografia nas revistas. Dói, e nada mais 128
    Dona Celeste, Waldemar de Brito, Carlos Araujo Souza,
       Luiz Quartim Barbosa, Sherlock Holmes, Peter Drucker,
       Steve Jobs, Dico, Zoca, Comandante Rolim, Katinha e
       Chico Bauru 129
    Os novos atravessadores 131
    Heróis da Digisfera, ou o pai do rato 133
    Eu sou do tempo da uva com semente... 135
    ExOs, ou OrEx 137
    Nem o Newseum sobreviveu 140
    Inovação? Que tal o pão? 141

9. BALANÇO DE CATEGORIAS 145
    Aliamazonbaba: Parecenças e Afinidades 146
    Natura, o relatório de administração 147
    Mercado Livre: 200 em 20 149
    Abraços a distância? 151
    A última fotografia, ou nada é para sempre 153

HU – A – WEI, aprendam a falar, acostumem-se com
essa marca..154
De como ganhar a vida vendendo medo!.........................157
Zoom, uma das marcas da coronacrise............................159

10. MARKETING LEGAL...161
Judicialização – o risco inerente à aviação comercial no Brasil....162
Gincana Kibon, ou como legislar por antecedência.......164
Os três grandes vexames de 2019.....................................166
Logística Reversa 167
Prego, parafuso, roela, rebimboca 168
Cigarros, 50 anos depois 170
Por que a J&J demorou tanto...172
Coisas do amor?..174

FICHA TÉCNICA

MARKETING TRENDS é uma publicação anual do MADIAMUNDOMARKETING, resultado de um exaustivo e recorrente trabalho de pesquisa de informações de diferentes fontes e plataformas, com todas as análises correspondentes, no sentido de mapear e identificar as TENDÊNCIAS DO MARKETING E DOS NEGÓCIOS para os próximos anos, realizado especialmente para os alunos da MADIA BUSINESS SCHOOL, MADIA MARKETING SCHOOL e para todos os clientes do MADIAMUNDOMARKETING.

De autoria e responsabilidade do diretor-presidente do MADIAMUNDOMARKETING, Francisco Alberto Madia de Souza, e com o suporte e colaboração de sua equipe de consultores e parceiros e dos diretores-sócios e associados:

Sócios
Fabio Madia
Rosamaria Barna
Marcia Sousa
Maria Helena Carvalho
Francisco Alberto Madia de Souza

Associados
Danilo Nardi
Ed Carlos Buri Batista
Marco Aurélio Candido
Maria Cristina Araújo

HOMENAGEM

Nesta edição homenageamos todas as empresas que confiaram na competência, conhecimento e serviços do MADIAMUNDOMARKETING no correr de 41 anos. A todas, e do mais fundo de nosso coração, muito obrigado!

EX-CLIENTES/CLIENTES

11/21
AACD – Assoc. de Assistência à Criança Deficiente
ABAC – Associação Brasileira de Administradores de Consórcios
Abaeté
ABC Bull
ABC Propaganda
Abemúsica
ABILUX – Associação Brasileira da Ind. da Iluminação
ABN Amro Bank
Abralimp
ABRE – Associação Brasileira de Embalagem
Abyara
Ação Comunitária do Brasil
Aché Laboratórios Farmacêuticos
Acnielsen
Adag
Age.Com
Agência Eureka de Publicidade
Agênciaclick
Agnelo Pacheco
Ajinomoto
Alain Delon Diffusion
Alcan-Rochedo
Aldo Lorenzetti
Alexandre Gama
Algar
AlmapBBDO
Alumni
Amesp Saúde
Andros Brasil
Aol Brasil
APP – Associação dos Profissionais de Propaganda
Armazéns Gerais Columbia
Arquitetura Humana
Arruda Macho Comércio-Elke

Maravilha
Artplan Publicidade
Associação Brasileira de Cimento Portland – ABCP
Associação Brasileira dos Acampamentos Educativos
Associação Comercial de São Paulo
Associação Rodrigo Mendes
Atacado Vila Nova
Auto Estilo
Avant Garde
Avon
Bahema – Arby's
Banco Alfa de Investimentos
Banco Bamerindus
Banco BBA Creditanstalt
Banco BCN
Banco Bilbao Vizcaya
Banco BMB
Banco BMC
Banco BMG
Banco Bradesco
Banco Crefisul de Investimentos
Banco Itaú
Banco Mercantil de São Paulo
Banco Pactual
Banco Santander
Banco Sudameris
Banco Sul América Scandinavian
Banco Volkswagen
Bates Brasil
Bauducco & Cia.
BBC Comunicações
Benedito Abbud
Big Brands
Big Man
Bolsa de Mulher
Bon Beef Restaurante
Borghierh Propaganda e Marketing

Bozano/Colorama
Bradesco Capitalização
Bradesco Saúde
Bradesco Seguros
Brandani
Brasciclo
Brascola
Brasil.com
Brasilconsult Participações
Brasilprev
Brasinca
Bridge Comunicação
Brinquedos Estrela
Bristol-Myers Squibb
Buffet Magic Blue
C&A
C&Fm Televisão e Cinema
Caixa Econômica Federal
Calia Assumpção & Associados
Caloi
Câmara do Livro
Camargo Campos
Camil Alimentos
Cápsula Comunicação
Carville
Casa de Idéias
Cavalcanti Advogados
CEDIPLAC
Cemitério Israelita de São Paulo
Centro Automotivo Eldorado
Centro de Estudos de Enfermagem 8 de Agosto
Centro Educacional Brandão
Cheil Comunications
Chopp & Cervejaria Germânia
Christian Dior
Christina Carvalho Pinto
Cia. União dos Ref. de Açúcar e Café
Cinasita

Circuito Digital
Citibank
Ckapt Marketing Direto
CNA
Coelho da Fonseca
COFAP
Coinvalores
Colucci
Comfam
Companhia Melhoramentos de São Paulo
Company
Compuhelp
Compumarketing
Compushop
Compusoft
Comunicação Contemporânea
Concivil/Estanplaza
Consórcio Nacional Garavelo
Construtora Andrade Gutierrez
Construtora Lider
Construtora Wasserman
Consul
Conteúdo Comunicações
Contexto
Continental Shopping Center
CORE Conhecimento Orientado a Resultados
Corporação Rossi
Correio Braziliense
Cotia Comércio Exportação e Importação
Credicard
Criativa
Daisy Nasser – Equipe de Eventos
Data Byte
Deloitte Touche Tohmatsu
Delta Propaganda
Demasi Comunicações

Denison Propaganda São Paulo
Dinheiro Vivo Agência de Informações
Disbel
DM9-DDB
Dori Alimentos
DPTO Promoções
DPTO Propaganda
DPZ Propaganda
Ducoco
Duda Mendonça & Associados
Dutoflex
Edições Paulinas
Editora Azul
Editora Gente
Editora Minden
Editora Peixes
Editora Referência
Editora Roca
Editora Três
Edo Rocha Arquitetura e Planejamento
Eldorado Plaza
Eldorado Shopping Center
Elias & Michelin
Emagrecendo.com.br
Employer
Empresas de Águas São Lourenço
Engevix
Escola Superior de Propaganda e Marketing
Escritório Mauro Guatelli
Eurofarma
Excelsior Distribuidora
Experimento de Convivência Internacional
Expressão Brasileira de Propaganda
F/Nazca S & S
Fasano

HOMENAGEM | 11

Faxxon
Federação Nacional da Distribuição de Veículos Automotores – FENABRAVE
Filtros Fram
Fininvest
Fischer América Comunicação Total
Fontovit Laboratórios
For Marketing E Publicidade
Ford Divisão Eletrônica
Full Jazz
Fundação Pró-Sangue
Furukawa Industrial
Futura Propaganda
Gafisa
Garavelo Óleos
Garden Hills Editora e Distribuidora
Garrubbo Blindagens
Gave Veículos
General Motors do Brasil
Ghirotti
Giannini
Gilbarco do Brasil
Giovanni, FCB
Globe
Goen3 Comercial
Goodbrands Comunicação Ltda
Grad Dammann
Gráfica Jandaia
Granja Rezende
Grottera Serviços de Marketing
Grupo Bem Emergências Médicas
Grupo Edson Queiroz
Grupo Ticket Serviços
Grupo VR
GSI Gerdau Serviços de Informática
Gtech Holdings
GTM&C
Guarany
Guimarães e Giacometti Publicidade
Guy Laroche
Hang Loose
Hipermercado Eldorado
Holográfica Produções
Hospital Nove de Julho
Ibope
IEP
Impact
Incentive House
Indústrias Alimentícias Maguary
Indústrias Arteb/Arturville
Innovator
Instituto Paulo Gaudêncio
Instituto Radial de Ensino e Pesquisa
Interchange
International Medical Center
International Paper-Toga
Interview
Iochpe-Maxion
Ipas Brasil
Italo Bianchi
Itap
Itaú Seguros
J. Macêdo Alimentos
J. Walter Thompson
J.Alves Veríssimo
J.B. Lodi
J.Cocco
JC Designeres
Johnson & Johnson
Julio Bogoricin
Kartro
KHS Indústria de Máquinas
Kolynos do Brasil
Laboratório Sardalina
Laboratórios Biosintética
Lage Stabel & Magy

Lanzara Gráfica Editora
Latina Motors
Leite Xandô
Leo Burnett
Lew Lara Propeg
Lista Mais
Listel
Lloyds Bank
Lorenzetti
Lowe Lintas
Lowe Loducca
Lowe Ltda
LPM
Lucas Yuasa do Brasil
M Design
M.Books do Brasil Editora
Makron Books
Marelli Móveis
Marisa Lojas
Mark Up
Master Comunicação e Marketing
Max 35 Filmes
Mazz Design e Comunicação Visual
Mc Software
Mccann Erickson
Mecaf Mecânica Fina-Rima
Medial Saúde
Merit Comunicações
Mesbla
Método Engenharia
Modem Media
Moinho São Jorge
MPM Lintas Comunicação
Multiplast Ind. e Com. de Plásticos
Munir Abbud
N,F&A – Negrão, Ferrari Sociedade de Advogados
Nasha International Cosméticos
Natura Cosméticos

NB-C
Nec do Brasil
Neogama
Neosaldina
Net Brasil
Netfactory
Newcommbates
Newlab Brand Building
Nicola Colella & Cia.
Nikkey Palace Hotel
Nista Marketing Digital
Nova S/B
Novagência
Oficina Brandesigners
Ogilvy
On Film Produtora Cinematográfica
OP
Oswaldo Cruz SL Saúde
Overture
Padrão Editorial
Paging Network Brasil
Palladium
Pão de Açúcar Publicidade
Paschoal Fabra Neto
Pastore
Paz Comunicação
Petrobras
Philip Morris
Pirelli
Pit Comunicação
Plamarc
Planet Sat
Playcenter
Popular Comunicação
PPF Participações
PPR – Profissionais de Publicidade Reunidos
PPS Permalit Pzm Sports
Prefeitura de São José dos Campos

Press Express
Prodigo Films
Produções Cinematográficas Aba
Produtiva
Promenade
Promerchandising
Promovisão
Propeg
Proxion Brasil
Proxis Contact Center
Pubblicità Propaganda e Marketing
Publicis Norton
Pueri Domus
Pulsar Criação e Produção
QG Comunicação
Qu4tro Arquitetos
Rádio Alpha FM
Rádio e Televisão Bandeirantes
Rancho Ranieri
Raul Boesel
Record
Red Bull
Rede de Entregas
Rede Drogão de Drogarias
Renasce Rede Nacional de Shopping Centers
Revista América Economia
Revista dos Tribunais
Revista Exame
Rezende Alimentos
Rhodia
Ricardo Julião Arquitetura e Urbanismo
Rino Publicidade
Rodeio
Rodrigues Lima
Rogério Medeiros Fotos e Imagem
Rossi Residencial
S, A&A Comunicação e Marketing

Saint Gobain
Saldiva
Salles/DMB&B
Salotex
Santa Clara
SAO – Segurança Contra Incêndio
São Paulo Fashion Center
SBT
Schering do Brasil
Secovi
Secretaria do Estado da Ind. e Com. Paraná
Secretaria do Governo e Gestão Estratégica de São Paulo
Seller's Comunicações
Sepaco
Seqüência
Seragini, Farné Design
Sétima Arte
Setin Empreendimentos
SGB
Shopping Agro Road
Shopping Jardim Sul
Shopping Metro Tatuapé
Show Days
SHV
Siapapeco
Siemens
Simas Industrial
Sindicor
SKY
SM Estratégias Promocionais
SN Publicidade
SOCOPA – Sociedade Corretora Paulista
Soluções Comerciais
Sony Amazônia
Souza Aranha
Souza Cruz

Spark44
Spenco Engenharia e Construções
SRCA
ST Propaganda
Starmedia do Brasil
Starsat Brasil
Stilizzata
Studio A Motel
Subaru
Sul America Seguros
Sun Marketing Direto
Sun&Sea
Synergie Multicomunicações
Tabatinga Hotel
Tag
Talent
Talento Publicações Editora e Gráfica
Tapetes Bandeirante
Taterka Comunicações
Teatro Municipal de São Paulo
Teen By Daslu
Teleatlantic Com. e Monitoria de Alarmes
Telefônica
Telenova Soluções Para Internet
Telet
Toga
Totalbus
Touché Propaganda
Transurb
Trimax Participações
Trip Editora
Trump Realty Brazil Empreendimentos
Tupy Perfis
TV Globo
TWW do Brasil (Pagnet)
Unibanco
Unishopping
Universidade São Judas
Upgrade
Upper Comunicação e Marketing
Varig
Vega
Veloz Táxi Aéreo
Vera Cruz Seguradora
Via Empreendimentos
Vidrotil
Vila Romana
Virtual Store Comercial
Visanet
Vista Tecnologia
Vistage
Vogue
Voli Auto Peças
Volkswagen
VS Escala
W/Brasil
Way of Light
Webfopag
Weril
Wired On Productions
WTC – World Trade Center São Paulo
Yahoo! do Brasil
Young & Rubicam
Young Lions
Z3 Convergence
Zero 11 Propaganda
Zicard

CAPÍTULO 1

ADMIRÁVEL MUNDO NOVO

O "festival de startups" não acaba nunca. E assim, e cada vez mais, milhares de novas empresas brincando de cirandinha e preparando-se para saltar fora por absoluta e total falta de relevância. Enquanto isso, multiplicam-se as DARK KITCHENS pelas grandes metrópoles do mundo, tornando quase impossível a fiscalização sanitária...

Mais que na hora de se realizar uma nova BRETTON WOODS para dar uma ordem na bagunça generalizada que grassa na economia mundial, enquanto vamos ganhando mais anos de vida e se conhecem os primeiros tataravôs e tataranetos brasileiros.

E o mundo da tecnologia vai se convertendo numa espécie de CASA DA MÃE JOANA, e assim, mais que na hora de chamar à responsabilidade todas as empresas que detêm e abusam da inteligência artificial.

Caminhamos de forma inexorável, consistente e decidida para o dia em que MORRER SERÁ OPCIONAL, e, assim, recorrendo às lições do adorado mestre PETER DRUCKER, mais que na hora de se falar sobre o FUTURO.

Ciranda, Cirandinha

Agora, e para milhares de novos e jovens empresários, tudo virou cantiga de roda. Vão ao tororó beber água, e não acham. Entram na roda e não sabem dançar. São soldados, ainda cabeça de papel, ou marinheiros que ninguém ensinou a navegar, claro, além do balanço do mar. Nem limão, nem limoeiro, nem pé de jacarandá. E, com muito sofrimento vão aprendendo, nadando, que o peixe vivo não pode viver fora d´água fria.

Mas, e independente de todos esses despreparos e desconhecimentos são bravos, valentes, valorosos, decididos, e carregados de energia e esperança. Vão tropeçar, cair duas ou três vezes, e alguns, poucos, prosperarão. A maioria, no entanto, ignora que está numa corrida muito semelhante a dos espermatozoides. Bíblico, "muitos serão os chamados, poucos os escolhidos". E ainda são dopados pelos tais investidores...

Conforme mais que esperado, e talvez, até um pouco antes do previsto, as supostas empresas fantásticas da nova economia, que não criavam nada que não fosse um novo nó na cadeia de valor, que apropriavam-se de um pedaço da receita já existente sem produzir nenhuma receita nova, que alcançavam valorização estapafúrdia e absurda, convertiam investidores espertalhões em bilionários em poucos meses, algumas vezes do dia para a noite, mais que abrir, essas empresas supostamente fantásticas, uma após a outra, vão escancarando o bico. Espatifando-se no final da curva. Me lembrando muito da canção de roda de criança CIRANDA CIRANDINHA, lembram?

"Ciranda, Cirandinha
Vamos todos cirandar!
Vamos dar a meia volta
Volta e meia vamos dar
O anel que tu me destes
Era vidro e se quebrou
O amor que tu me tinhas
Era pouco e se acabou
Por isso, dona Rosa
Entre dentro desta roda
Diga um verso bem bonito
Diga adeus e vá se embora...".

Mais um dos supostos milagres, à semelhança do Uber, Lime, WeWork começou o ano despedindo-se. Ou, e se preferirem, derretendo. Por sinal e coincidência, também mais um dos grandes investimentos de Masayoshi e seu Softbank, a Oyo. Empresa indiana de hospedagem, que celebrava parcerias com milhares de hotéis pelo mundo, e chegou a ser avaliada em US$ 10 bi.

A crise vinha forte, e as demissões aconteciam em todo o mundo. A "Ciranda, Cirandinha", assim, se acelerava, e os anéis, quase todos de vidro, um a um, iam se quebrando...

Primeiro mês de 2020. Zume, startup de robôs demitiu 80% de seu quadro de colaboradores. Getaround, startup de aluguel de carros, despediu 25% de seu capital humano. Rappi iniciou um amplo plano de demissões em todo o mundo incluindo o Brasil. Aplicativos de patinetes e bicicletas jogaram a toalha e desapareciam da e na paisagem... Os sinais eram preocupantes.

A grande esperança era março, depois do Carnaval, volta às aulas, final das férias. E aí veio a pandemia...

Assim, e conforme previsto, e "por isso, dona Rosa, entre dentro desta roda, diga um verso bem bonito, diga adeus e vá se embora...". Os fundamentos da boa economia de verdade, independentemente de nova ou de velha, continuam rigorosamente válidos. Empresas continuam tendo só e exclusivamente duas alternativas: ou param em pé, ou param em pé.

"A barata diz que tem sete saias de filó. É mentira da barata, ela tem é uma só... A canoa virou...".

Princesa Isabel, socorro!

No ar, as Dark Kitchens! No início, os aplicativos de entregas de comida, trabalhavam com os restaurantes existentes. E assim se passaram os primeiros anos, os anos de implantação do sistema ou da nova cadeia de valor.

Os preços cobrados pelos restaurantes já existentes incluíam todos os custos, impostos, aluguel, marca, decoração, aparelhagem, enfim, tudo o que caracteriza um restaurante de verdade. Portanto, e mesmo comendo-se em casa e a distância, no preço do prato estava tudo incluído. E ainda era necessário agregar-se o custo da empresa de delivery. Ou seja, em relação aos preços praticados, os entregues em casa custavam entre 8% a 12%, até 20% a mais.

Assim, só pediam comida em casa as pessoas que tinham dinheiro e poderiam comer nos restaurantes, mas, por preguiça ou falta de tempo, preferiam pedir pelo smartphone. Queriam maratonar na Netflix e não tinham tempo para perder. Se todos se conformassem com isso, tudo estaria acomodado e nada mais aconteceria. Mas as novas empresas de entrega, turbinadas com o capital de investidores, precisavam escalar.

Aditivadas pela inteligência artificial sabiam, mais do que os donos dos restaurantes, quais eram os clientes e o que queriam. E que para continuar crescendo na velocidade desejada pelos investidores, precisavam ser acessíveis às classes C e D. E se continuassem entregando comida de restaurantes, com todos os custos incluídos, sem chances. Solução, as Dark Kitchens. Cozinhas que ninguém tem a mais pálida ideia de onde ficam, de quem são, e que funcionam exclusivamente para o delivery, eliminam infinitos custos, e têm condição de praticar preços menores e acessíveis às classes C e D.

Ou seja, antigos donos de restaurantes, e novos donos de restaurantes, estão multiplicando a quantidade de Dark Kitchens e passam a trabalhar para os aplicativos. Uma espécie de escravos dos tempos modernos, Digital Slaves. Inclusive com direito a música composta e cantada pelo Bayside Kings. Lembram, "Alienated, you choose to live in a world that was built to entertain you and distance you from what's real...".

Daniele Madureira, do jornal Valor, foi atrás, e escreveu, no título de sua matéria, "Aplicativos de entrega dão as ordens na cozinha". Daniele descreve o que encontrou: "Se depender dos grandes aplicativos de entrega de comida, o tradicional convite 'visite a nossa cozinha', exposto em boa parte dos restaurantes... fim!". E conclui, "empresas como o iFood, Rappi, e Uber Eats estão investindo nas chamadas Dark Kitchens que só funcionam para atender às demandas dos serviços de delivery...".

Nas chamadas Dark Kitchens, é como se os chefes cozinhassem de olhos vendados. Não têm a mais pálida ideia de quem compra e come a comida. Seu horizonte termina no motoboy que retira e faz a entrega. Fim. Uma perna só. Silêncio.

Segundo Daniele, o roteiro é o seguinte, "Os aplicativos usam os imensos bancos de dados que possuem para identificar a demanda por um determinado tipo de refeição em um bairro ou vizinhança da cidade. De posse dessa informação, buscam um dos restaurantes que já usa a plataforma para a entrega e orienta na escolha de um ponto para a montagem de mais uma Dark Kitchens. O investimento fica por conta do restaurante que fecha um contrato de exclusividade com o aplicativo. A cozinha trabalha a portas fechadas e apenas para atender aos clientes do aplicativo. Como se fosse a cozinha de uma casa. E recebe toda a orientação do aplicativo, inclusive passa a trabalhar com uma marca específica do aplicativo criada para esse serviço.

Todos os aplicativos escondem o número das tais Dark Kitchens. Mas o Uber Eats abriu para Daniele uma pequena pista: "Nos 36 países onde estão presente são mais de 5,5 mil DKs...".

É isso, amigos. Evolução? Involução? Por enquanto é o que temos. E ainda tudo isso condimentado em nosso país pela nossa crise econômica, conjuntural e agora pandemia. Acredito, no entanto, que um pouco mais adiante, e quando a situação econômica melhorar, voltaremos a nos emocionar com as alegrias e felicidades de comermos num bom restaurante, ao lado de muitas outras pessoas, contando com os serviços de maîtres e garçons, e a comida saindo direto da cozinha para nossas mesas, sem a necessidade de garupas de motos e temperos de fumaça e gasolina. DKs então...

Com dizem as crianças, ekkkkaaaaa!!!, em todos os sentidos.

Bretton Woods 2022

Dentre as principais questões a serem discutidas globalmente, e sob o viés ético nesta década 2021-2030, a possibilidade de se construir fortunas monumentais em poucos anos. Talvez, meses...

A mais emblemática referência da escalabilidade decorrente da tecnologia, e onde se inclui a construção de fortunas em tempo recorde, é o todo poderoso Jeff Bezos, o homem mais rico do mundo, com um patrimônio pessoal que caminha de forma acelerada em direção aos US$ 200 bilhões.

A Amazon foi fundada há pouco mais de 25 anos e para vender exclusivamente livros. Converteu-se no maior Marketplace do Ocidente, e uma espécie de dona das nuvens com sua AWS. Assim, e sem procurar esconder sua riqueza, meses atrás, Jeff Bezos comprou a mansão mais cara da cidade de Los Angeles, e que se soma a uma série de outras propriedades que tem ao redor do mundo, e alguns apartamentos na ilha de Manhattan.

Por US$ 165 milhões comprou uma propriedade de 1 alqueire e meio – quase 40 mil metros quadrados de terreno, toda cercada de terraços, com casa para hóspedes, piscina, quadras de tênis e campo de golfe... E anos antes, para atenuar eventuais sentimentos de culpa e críticas, tentou e vem tentando ressuscitar um dos mais importantes jornais do mundo, o The Washington Post.

Ou seja, se a urgência de spin-offs – desmembramentos – das bigtechs já constava da pauta de todas as discussões que hoje acontecem no mundo, e diante do aumento exponencial das desigualdades, a exibição pública da pessoa mais rica do mundo – Bezos – torna essa discussão inadiável.

Mas Bezos não é o maior constrangimento... Se quem detém a informação manda e domina, Sergey Brin, Larry Page e Mark Zuckerberg, são os donos do mundo. Isso mesmo – repito –, os três são os donos do mundo.

Com exceção da China, e de poucos outros países, Sergey e Larry, – Google, YouTube –, e Zuckerberg, – "Feice", Whatsapp e Instagram –, além de outras propriedades, dominam o mundo.

Mandam, fiscalizam, imprimem a tal de verdade, cobram por tudo isso, e dia após dia veem seus domínios e riquezas crescerem ao infinito. Assim, não passa de 2022, o trio ser encostado na parede, por um mundo pego de surpresas e que não soube reagir a tempo, para exigir um spin-off drástico e radical, e enquadramento a uma nova e consistente regulação.

Há meses o Whatsapp comemorou 2 bilhões de usuários. Que somados aos 2,3 bi do "Feice", e 1 bi do Instagram totalizam mais de 5 bilhões de usuários sob o domínio, controle e influência de Mark Zuckerberg. Por maiores que sejam as superposições.

Já o Google, com exceção de poucos países, tem o domínio absoluto de todas as buscas realizadas na digisfera, no chamado ambiente digital. Conhece todos os caminhos, inquietações, dúvidas, ansiedades, merdas, esquizofrenias que todos nós manifestamos, no automático, e no correr de cada novo dia, infinitas vezes por dia. Sabem, com um índice de acerto superior a 80%, o que vamos dizer, o que pretendemos comprar, e como estão nossos sentimentos.

Assim, e no momento em que o Whatsapp comemora seus primeiros 2 bilhões de usuários, mais que na hora de considerarmos uma grande conferência mundial, para uma nova regulação da economia global, definitivamente destroçada por todas as conquistas maravilhosas do tsunami tecnológico, claro, com todos os exageros, absurdos e toxidades inerentes.

A última vez que o mundo parou e fez isso foi no ano de 1944, para costurar os estragos de duas Grandes Guerras, e em Bretton Woods. Os estragos decorrentes do tsunami tecnológico – e claro, todas as conquistas também – sem derramar uma única gota de sangue, foram e continuam sendo infinitamente, ainda escalando, mais devastadores que todas as guerras de todos os últimos séculos. Muito especialmente, a 1ª e a 2ª Grande Guerra.

Bretton Woods 2022. O mundo não resistirá por mais tempo. Mas pode ser em outro lugar, claro. Que tal, Gramado (RS)?

Brennands, Farias, Cardosos

Em comentário recente nós, consultores da MADIA, afirmamos que, talvez, um dia não tão distante, morrer será opcional. A longevidade, a maior conquista dos últimos 100 anos, segue em sua marcha em direção aos 120 anos... Mais adiante 150, 200, a caminho de uma "endless life"... E finalmente teremos o "endless love", como na canção...

Na madrugada do dia 25 de abril de 2020, um sábado, Ricardo Brennand morreu aos 92 anos de idade. Além de uma obra heroica e monumental no território das artes e que se constitui em importante legado para o Brasil, Ricardo foi um dos primeiros brasileiros a conhecer um trineto, ou seja, era um trisavô. A mais importante condecoração e graça que um ser humano pode receber em vida, trisavô! Por enquanto, claro...

Oito filhos, 23 netos, 48 bisnetos, e uma trineta. O que era absolutamente impossível até quase o final do século passado agora vai se revelando uma realidade.

No dia 16 de novembro de 2016, aos 102 anos de idade, Fernando Penteado Cardoso foi homenageado pela escola onde se formou 80 anos atrás, a ESALQ – a consagrada Escola Superior de Agricultura Luiz de Queiroz, tendo feito parte da turma de 1936. Fernando, que criou uma das maiores e mais importantes empresas do território, a Manah, e vem dando uma contribuição inestimável para o fortalecimento e valorização das atividades ligadas à terra em nosso país. E ainda, em outubro de 2019, Fernando foi uma vez mais homenageado pela ESALQ, por ocasião do aniversário de 118 anos da instituição. Naquele momento, Fernando, caminhando e sorrindo, em seus 105 anos...

Meses depois, quem voltou à cena e aos 99 anos foi Aloysio de Andrade Faria, uma das lendas empresariais de nosso país dos últimos 100 anos. Não conseguia parar. Porém, no mês de setembro, partiu. Apenas isso, ou tão simples quanto... Mas antes de partir concedeu uma derradeira entrevista à Monica Scaramuzzo do Estadão.

Quem melhor descreve Aloysio é outro longevo, Delfim Neto, "Aloysio é um dos mais sofisticados operadores financeiros do Brasil. É um banqueiro invisível que sempre fez questão de ficar longe de Brasília e das rodas do governo... Jamais alguém pegou Aloysio fumando charuto cubano ou bebendo Romanée Conti. Sempre foi um banqueiro submerso...".

Aloysio talvez tenha sido um dos mais profícuos e efervescentes empresários de nosso país. Além do Banco Alfa ainda tinha em seu portfólio de empresas e realizações os Hotéis Transamérica, Emissoras de Rádio, Águas da Prata, C&C, Agropalma, La Basque. Tem gente que se diverte assistindo TV, outros jogando pôquer, alguns bebendo nos bares... Aloysio divertia-se construindo empresas... sem parar...

Um dia perguntaram a Aloysio por que ele fez uma fábrica de sorvetes finos, a La Basque... Sorrindo, respondeu: "Porque eu gosto de sorvete".

E nada mais disse e nem lhe foi perguntado. Filosofia de trabalho presente em sucessivas placas em suas empresas:

"Ordem Sem Progresso É Inútil.

Progresso Sem Ordem É Falso".

Brennands,

Farias,

Cardosos...

Não temos mais a menor dúvida. Em 50 ou, no máximo, 100 anos, morrer será opcional.

Delirius Digital Tremens

Supostamente o beato Antônio Conselheiro teria previsto que "O sertão vai virar mar, o mar vai virar sertão".

Quando olhamos o que se apresenta, e vemos a Nestlé e a Unilever atropelando desembestadas a cadeia de valor e vendendo direto ao tal do consumidor final, leia-se, nós, pelo Facebook, começamos a sorrir de nervosismo.

Quando do dia para a noite, os grandes bancos são atacados por milhares de bichinhos chamado fintechs, e que até ontem eram lojas, sites, farmácias, barracas de feira, sorveteiro da esquina e todos os zé manés possíveis e inimagináveis, abrimos um sorrisão, mas nossas mãos tremem.

Quando as casas de leilões de móveis, geladeiras, fogões, tapetes, recusam-se a receber mercadoria porque não têm mais onde literalmente enfiar, tão grave é a ressaca da coronacrise, já não conseguimos nem mesmo esboçar um sorriso.

Quando João Dória e Jair Bolsonaro se estapeiam na disputa de uma luta de boxe só programada para novembro de 2022, começamos a nos coçar e a vontade é de espancar os irresponsáveis. Mas, de repente, quando nos aproximamos, o Dória que tem uma casa de um quarteirão nos Jardins e um Palácio no Morumbi, de dedo em riste, cuspindo fogo pelos olhos e de chicote nas mãos, manda os miseráveis trancarem-se em seus barracos e cubículos, e Bolsonaro, em sua tosca normalidade, manda demitir todos os que os cercam exclusiva e tão somente seus santos filhos, começo a colocar em dúvida nossa sanidade mental.

Onde foram parar as almas abençoadas e generosas? As pessoas de boa-fé, dotadas de imensa compaixão e infinita empatia? O gato comeu? Em 20 anos, cinco empresas, as tais das bigtechs apoderaram-se do mundo. Incomodava-nos, antes, vizinhos bisbilhoteiros que sempre encontravam um jeito de invadirem nossas vidas. E palpitarem... Hoje sorrimos de felicidade entregamos tudo, numa boa, de uma forma mais absurda do que os índios encantados com pentes e fivelas. E quando circunstancialmente, assim como no filme Awakenings, temos breve despertares e esboçando alguma reclamação, as Top Five nos mandam calar a boca mesmo porque elas não têm nada com isso, mesmo porque e quando preguntados se aceitávamos, dissemos, açodados e excitado: Sim! Sim! Sim!

As top five são capazes de prever com uma margem de erro inferior a 1% o que vamos comprar nas próximas horas, quando soltaremos o próximo pum, e se as eleições fossem hoje, com absoluta certeza e precisão o nome dos vencedores. A IA – Inteligência Artificial – mais que encontrar todas as respostas é capaz de fazer perguntas que somos incapazes de formular, e assim, descobrir coisas sobre os carneirinhos, nós, que jamais consideramos. Mas um dia...

Diminuímos na bebida e nos intoxicamos nas redes sociais. DDT – Delirius Digital Tremens! Assim, na primeira metade desta década, o mundo passará por uma geral, acionando um mega freio de arrumação.

Joana I, rainha de Nápoles e condessa da Provença estipulou os estatutos dos bordéis de Avignon. E notabilizou-se por ser a proprietária da casa mais famosa do mundo, a Casa da Mãe Joana. E que é onde hoje estamos todos provisória e precariamente morando.

Assim, chegou a hora do pit stop. Para uma água, regulação, antes de seguirmos em frente. E das big techs voltarem à terra, respeitar incautos, ingênuos e inconsequentes e, como dizia o Pequeno Príncipe, serem responsáveis pelos tontos que cativaram com muita tralha, bugigangas, e coisas extraordinárias e espetaculares.

"Gimme a Break!"

Quem pariu e detém a inteligência artificial que a eduque

Ou não nos enganem nem tirem proveito de nossa compulsão que depois, e passada a euforia, ficamos indignados. Assim, e finalmente, e assentando o entusiasmo e a poeira, a hora da verdade das redes sociais chegou.

O boicote ao Facebook e demais redes sociais continua e cresce. A cada novo dia mais e grandes empresas vão aderindo. A primeira pergunta que todos se fazem é: o quanto esse boicote impacta nas receitas das redes sociais, muito especialmente, nas receitas de um Facebook? Bastante, mas não o suficiente para inviabilizá-lo.

Grosso modo, as grandes empresas, os grandes anunciantes, respondem por uma parcela correspondente a, exagerando, 30% de tudo o que um Facebook fatura. Setenta por cento ou mais vêm de milhões de pequenos anunciantes – pessoas jurídicas, prestadores de serviços, e até mesmo pessoas físicas – em todo o mundo.

Mas o constrangimento social é muito forte e vai, finalmente, obrigar que as big techs, os gigantes do ambiente digital, parem de escalar sem limites num mundo que não os previu e, portanto, não os regulamentou – Escalabilidade Sem Limites – e comecem a assumir e arcar com suas responsabilidades. E é o que começa a acontecer agora.

E já que fazem um pit stop para a necessária e essencial revisão de suas práticas, as grandes empresas anunciantes começam a mergulhar na efetividade dos resultados dos caminhões de dinheiro que investem nas redes sociais. Ou seja, não será surpresa se, em no máximo 10 anos, acontecer com as redes sociais, o mesmo processo de degeneração que começou a acontecer com as mais que prósperas Listas Telefônicas dos anos 1960, 1970 e 1980... E que praticamente fecharam para sempre na maior parte das cidades brasileiras e em outras cidades do mundo.

Ou as big techs assumem suas responsabilidades, se autorregulam de verdade, enquanto o Estado não as enquadra, ou começam a ingressar em perigosa e irreversível contagem regressiva.

E do ponto de vista da factibilidade de se autorregularem, não apenas no papel, na prática, não tem desculpas. A mesma inteligência artificial, com a mesma qualidade que rastreia o comportamento de bilhões de pessoas na rede, tem todas as condições e mais ainda de rastrear o que vem de seres humanos e o que vem de robôs, por exemplo. Para as redes sociais isso é bico! É suficiente programar e treinar. Mas como isso não dá dinheiro, as big techs, desviam o assunto, e continuam insistindo na tese absurda da impossibilidade. Esquecem-se da sabedoria popular, pau que bate em Chico bate em Francisco. Chegou a hora dessa gente bilionária mostrar seu valor e cumprir com suas obrigações.

Assim, jamais aprovarmos ou adotarmos uma legislação hipócrita e burra que se diz preocupada em evitar as fake news, e que as redes sociais, que as traficam, e têm todas as condições de, encarreguem-se dessa missão. De colocar ordem no galinheiro em que se transformaram.

Quem pariu Mateus que o embale. Quem pariu os robôs, que impeça que continuem destruindo reputações e trabalhem para o mal. Aprovar esse absurdo que tramita sob emoção tóxica e deletéria no Congresso brasileiro, e em outras partes do mundo, é punir os inocentes pela irresponsabilidade das big techs.

Mais que possível, é fácil e desejável dar um chega pra lá em meia dúzia de bilionários irresponsáveis. Jamais culpar, punir e limitar a tecnologia e suas ferramentas espetaculares.

O dia em que morrer será opcional

Meses atrás a revista Nature publicou um artigo que foi aprovado pelo seu quadro de editores em tempo recorde, dada à importância da notícia e qualidade do avanço científico. Seguramente o maior avanço da medicina deste século, e que institucionaliza a Medicina Corretiva, o CRISPR CAS 9 e outras técnicas, revela agora uma nova evolução e salto, uma consistente, entusiasmante e espetacular evolução.

Se desde 2013, já tínhamos a caixa de costura das espécies, com tesoura, agulha, carretel, dedal e linha, agora ganhamos a borracha. É só apagar e está tudo resolvido.

Um grupo de cientistas da Universidade de Harvard e do MIT – Massachusetts Institute of Technology – conseguiu aperfeiçoar e simplificar as aplicações do CRISPR CAS 9. O que passou a se conseguir com as novas conquistas, e com a chegada da Medicina Corretiva, é semelhante ao que se fazia secularmente com os tecidos.

Por infinitas razões, alguns tecidos saiam das tecelagens com pequenos defeitos ou, mesmo depois de convertidos em roupas, passavam por acidentes que os danificavam. Lembra quando sua saia enganchou num prego e fez um buraquinho, ou seu paletó ficou preso na porta do carro e causou uma pequena machucadura no tecido...? Então se recorria às habilidades e competências dos cerzidores para as duas situações. Para corrigir os tecidos que chegaram ao mercado com pequenos defeitos, e para corrigir os que apresentavam defeitos depois do uso.

As novas técnicas de edição genética possibilitam ainda, sempre que necessário, que essas correções aconteçam por antecipação, antes mesmo de o tecido ser fabricado.

Que suas linhas sejam corrigidas antes de entrarem na máquina e que, principalmente, todas as espécies sejam corrigidas antes de ganharem vida. Todas, muito especialmente a nossa, a espécie humana.

A nova conquista ou nova técnica, que aperfeiçoa e aumenta as possibilidades do CRISPR, denomina-se Prime Editing. Lembra, com o CRISPR, passamos a cerzir, com o Prime Editing, ganhamos uma borracha, é suficiente apagar... Os anjos da guarda, bactérias do organismo naturalmente encarregam-se do resto.

Como não poderia deixar de ser, se esse tipo de conquista pode ser testado e usado imediatamente para todas as demais espécies, muito especialmente os vegetais, isso possibilitaria ganhos monumentais de produtividade nas lavouras de todo o mundo. Brevemente ninguém mais vai morrer de fome e eliminaremos radicalmente a poluição da atmosfera por criações em ambientes fechados, já nos humanos os cuidados são maiores. Muito especialmente pelo desconhecimento, ainda, de eventuais decorrências.

De qualquer maneira, mais um importante passo na direção de considerarmos, muito brevemente, vivermos, no mínimo, 150 anos com uma vida de qualidade.

Em síntese, e se nos últimos 100 anos, ganhamos 40 anos a mais de vida, muito especialmente pelas conquistas da medicina preventiva, agora, com a corretiva, talvez venhamos a afirmar no final deste século, alguma coisa como, "nos últimos 200 anos, ganhamos mais 100 anos de vida...".

Quem sabe até, em algum momento, morrer venha a ser opcional.

Hoje vamos falar sobre o futuro

Quando a gente falava em futuro no passado, estávamos falando daqui a uns 10 anos. Diante da coronacrise, futuro são meses. 8, 10, 12 no máximo. E quando se fala sobre futuro nada melhor do que se recorrer ao adorado mestre e mentor Peter Drucker que estressou o assunto em diferentes ensinamentos, e que agora vamos compartilhar com vocês. Sobre o futuro, Peter Drucker começou dizendo:

"A melhor forma de prever o futuro é criá-lo". E talvez esse seja seu ensinamento mais conhecido. E repetido à exaustão nas escolas, empresas, palestras e conferências. Mas tem outros, tão bons, ou melhores.

Assim, separamos e trazemos para vocês, de centenas de manifestações sobre o tema, e além da mais conhecida que acabamos de citar, as oito que os consultores da Madia mais gostam, e que de certa forma repetem-se, tornando-se quase redundantes. Vamos lá.

1. "Tudo o que sabemos sobre o futuro é que não sabemos o que será. Sabemos apenas que será diferente do que existe agora e do que gostaríamos que fosse." Mais que aplicável a estes dias de coronavírus.
2. "Qualquer tentativa de basear as ações e os compromissos de hoje em predições de eventos futuros é fútil. Tudo o que temos a fazer é prever efeitos futuros de eventos que já aconteceram e são

irrevogáveis." E é onde devemos nos concentrar nas próximas semanas e meses para nos prepararmos para quando o coronavírus tiver partido. Ou até mesmo continuar por aqui, mas dominado.
3. "Tentar fazer o futuro acontecer é arriscado; mas menos do que continuar a trajetória com a convicção de que nada vai mudar." Assim, ao olhar para frente, e sempre, uma única e mesma certeza. Que tudo vai mudar!
4. "Construir o futuro não é decidir o que deve ser feito amanhã. É o que deve ser feito hoje para que exista o amanhã." Portanto, ainda que no breu e na escuridão, TODOS, mãos à obra. Quanto mais rápido iniciarmos a construção do futuro, mas estaremos próximos do presente.
5. "Construir o futuro é descobrir e explorar a lacuna temporal entre o aparecimento de uma descontinuidade na economia e na sociedade. Isso chama-se antecipar um futuro que já aconteceu. Ou impor ao futuro, que ainda não nasceu, uma nova ideia que tende a dar uma direção e um formato ao que está por vir. Isso chama-se... fazer o futuro acontecer!" Não nos resta outra alternativa. Assim, seguir em frente.
6. "O futuro que já aconteceu não se encontra no ambiente interno da empresa. Está no ambiente externo: uma mudança na sociedade, conhecimentos, cultura, setores ou estruturas econômicas." Isso é tudo. E é sobre essa premissa que devemos olhar para frente. Para depois de amanhã.
7. "Quando uma previsão é amplamente aceita é bem provável que não seja uma previsão do futuro, mas um relatório do passado recente." De certa forma foi o que mais ouvimos nos meses de coronacrise. Pessoas que pensam estar falando sobre o futuro que nos espera e aguarda e, em verdade, estão apenas e tão somente brincando de projetar o passado.
8. "Construir o futuro pressupõe coragem. E muito trabalho. E, ainda, fé. Aquela ideia certa e infalível é a que certamente vai falhar. A ideia sobre a qual vamos construir a empresa deve ser incerta.

Ninguém poderá afirmar como será e quando se tornará realidade. Deve ser arriscada, ter probabilidade de sucesso e fracasso. Caso não seja nem incerta nem arriscada, simplesmente não é uma ideia que tenha o que quer que seja a ver com o futuro; futuro que é sempre incerto e arriscado."

E isso é tudo, amigos. E, uma vez mais, para sempre, obrigado, adorado mestre e mentor Peter Drucker.

Portanto, depois de amanhã ou quem sabe quando a primavera chegar, e a boa nova andar nos campos e nas cidades, no Day After Coronavírus, esquecer tudo o que vimos até aqui. E tentar desenvolver um novo olhar, sobre o que se apresenta. Até janeiro de 2020, vínhamos no rescaldo final do furação de estupidez, burrice e incompetência dos governantes de plantão, crise conjuntural, e nos reinventando diante do tsunami tecnológico. No final de fevereiro de 2020, começou a Covid-19.

Portanto, quando a primavera de 2022 chegar, tudo o que temos que fazer é dar sequência à travessia do velho para o novo, agora considerando todos os aditivos e temperos decorrentes da coronacrise. Sem jamais perder de vista a orientação de nosso adorado mestre e mentor Peter Drucker: "Construir o futuro pressupõe coragem. E muito trabalho. E, ainda, fé. Aquela ideia certa e infalível é a que certamente vai falhar.

CAPÍTULO 2

INTELIGÊNCIA DE MERCADO

Empresas e pessoas continuam acreditando que podem mudar pessoas. Vejam o que aconteceu em curtíssimo espaço de tempo com a ZÔDIO. E não obstante o verdadeiro marketing aproximar-se de 70 anos – nasceu em 1954 em livro de PETER DRUCKER – empresas ainda falam em "abordar" e "reter" cientes. Socorro!

Em breve, pós-pandemia, um novo normal ou o velho normal de sempre piorado? Por falar nisso, você já se perguntou se é LEITOR, ou se é OUVINTE? É da maior importância para seu sucesso...

Não tente, jamais, mudar pessoas. DJOKO será sempre o mesmo DJOKO, assim como MESSIAS continuará MESSIAS. Mais que fortes razões o GOOGLE tinha para comprar a FITBIT...

Pouco provável que pessoas desprovidas de empatia se revelem ótimos gestores de marketing e, finalmente, com o passar do tempo e o resgate da razão, SER VELHO passa a ser uma mega vantagem competitiva.

Quando Zôdio fechou as portas

Uma das mais importantes e definitivas lições da administração moderna, remonta há muitos séculos antes de Peter Drucker definir e eleger o marketing, em 1954, como sua ideologia. De responsabilidade de Santo Ambrósio, bispo de Milão. Quando Santo Agostinho chegou a Milão para ensinar retórica, Santo Ambrósio o alertou, "Agostinho, pode marcar suas aulas para sábado porque aqui, em Roma, a congregação não tem por hábito jejuar nesse dia". E complementou, "quando em Roma, faça como os romanos".

Natal. Terça-feira, 5 de dezembro de 2017. Festa! Grupo Leroy Merlin traz mais uma de suas marcas para o Brasil. Merece uma grande matéria da revista Pequenas Empresas & Grandes Negócios, na matéria a revista diz:

"Imagine entrar numa loja como se estivesse chegando à sala da casa de um amigo e, de quebra, poder tomar um cafezinho passado na hora, aprender um novo ponto de tricô ou uma receita de bolo, e até levar para casa um kit para fazer cerveja artesanal... É exatamente essa a experiência que se tem ao chegar à loja da Zôdio, do grupo francês ADEO (Leroy Merlin), que abre suas portas nesta terça-feira, dia 5 de dezembro de 2017, na Marginal Tietê, cidade de São Paulo... A proposta da nova bandeira do grupo não é só vender produtos para casa, que são muitos – 18 mil – mas atender às demandas dos clientes em diversos momentos da vida, ensinando como se faz muitas coisas, da culinária ao artesanato...".

A decisão de vir para o Brasil, segundo Gauthier Lenglart, diretor da Zôdio estava respaldada em pesquisas: "Durante dois anos visitamos a casa de 500 famílias no Brasil e descobrimos que as brasileiras são mais artesanais do que as francesas. Também observamos que elas buscam renda extra com venda de bolos e artesanatos, por exemplo... pretendemos ter cinco lojas em quatro anos...".

Um ano e 11 meses depois, 7 de novembro de 2019, jornal Valor, "Zôdio, do mesmo grupo da Leroy Merlin fecha operação no Brasil". E no corpo da notícia: "Procurada a empresa confirmou a notícia, mas preferiu não entrar nos detalhes da decisão... uma fonte do setor atribui ao modelo "faça você mesmo" não ter sido bem-recebido no Brasil", e ainda sensivelmente agravado pela crise econômica que atravessa o país".

O que aconteceu? Pesquisa superficial, leitura e interpretação precária. Tudo o que a fotografia revelou, na aparência, foi o observado pela empresa, mas faltou a sensibilidade para ler e ver além ou atrás da fotografia, de entender as verdadeiras razões e motivos que levariam, supostamente, milhares de mulheres e famílias a aderirem à proposta.

Uma vez mais, empresas do varejo europeu revelam enorme dificuldade em entender o que move consumidores e famílias brasileiras. Salvo raríssimas exceções, e até mesmo por uma questão cultural, os brasileiros jamais se adaptaram, na plenitude e em volume suficiente, ao verdadeiro conceito do Do It Yourself.

Para nós, brasileiros, o do it yourself é literal. Nós mesmos é que queremos comprar tudo do nosso jeito ainda que anarquicamente, e definirmos como será o nosso modelo específico de fazer e produzir coisas por nós mesmos. Talvez, muito provavelmente, para nós, brasileiros, o prazer, no mínimo em igualdade de condições, esteja na busca intensa e detalhada, e não já começar com a segunda parte, com tudo pronto esperando só pelo Do It, e sem o prazer, a alegria e a felicidade da busca, do ir atrás...

Isso de ir numa loja e encontrar tudo, ou os kits prontos, não bate muito com nossos santos e cultura. Diferente, talvez, da milenar cultura europeia... Assim, e uma vez mais, a mesma lição contida na Lição de Santo Ambrósio.

"When in Rome, do as the Romans do". Franceses, quando no Brasil, tentem pensar e agir como os brasileiros pensam e agem. Caso contrário, continuará não dando certo.

"Retenção de Clientes"

Socorro! É a última coisa – coisa mesmo – que qualquer empresa – qualquer mesmo – deveria considerar, tentar, fazer. Jamais, em hipótese alguma, pela desgraça de sua empresa, pelas chagas de Cristo, pela angústia dos inocentes, pela candura dos incautos, irresponsabilidade dos inscientes e estupidez dos néscios... Jamais, repito, tente Reter quem quer que seja. Amigos, amores e, muito especialmente, clientes.

Reter clientes! Não sei se chamo a polícia ou saco o revólver... Conquiste clientes, sensibilize e respeite seus clientes, homenagens e reverências o tempo todo, muito especialmente pela qualidade dos serviços que presta e ele, cliente, reconhece, valoriza, e sorrindo e feliz, sentindo-se respeitado e mesurado, agradece. Perfilando-se sempre e de coração escancarado, como adepto de sua causa, da causa de sua empresa.

Reter, jamais. Não se retém o que quer que seja. Mas, as pessoas não aprendem, e repetem esse impropério à exaustão. Pior que xingar a mãe. Matéria do Estadão do domingo, 19 de julho de 2020. Título, "Retenção do Cliente é prioridade, aponta pesquisa". Whattt!!!!!!!!!!!!!!!!!!!!!!!!!!???

Se chegou a essa conclusão, rasgue urgente e jogue fora a pesquisa. É uma bobagem. No corpo da matéria o verbo "reter" – violação da manifestação e movimento natural de todos os seres de todas as espécies, muito especialmente a humana – pensei, será que vão construir jaulas para reter clientes?

Num determinado momento, a matéria diz, "Segundo panorama traçado pelo Linkedin – socorro! – reunindo uma série de pesquisas sobre empresas B2B de variados portes em diversos países, sete em cada 10 vendedores disseram que nesse cenário a retenção – isso mesmo, amigos, retenção – de clientes tornou-se prioritária...".

Toquem as sirenes, soltem os cães, disparem os alarmes... Já começo a ver lojas, bares, restaurantes, shopping centers, estádios de futebol, teatros, cinemas, além de álcool em gel e máscaras, construindo pavilhões de celas para a devida retenção dos clientes... Mais adiante recorrerão a chicotes e pregos pontudos nas testas desses clientes retidos... Na mesma matéria, um outro absurdo. Recomendando que as redes sociais são o melhor caminho para a retenção. Diz, "68% listam as redes sociais como a técnica de abordagem com a maior taxa de conversão".

Jamais, em hipótese alguma, se aborda ou abalroa seres humanos, muito especialmente todos aqueles que estamos tentando sensibilizar e motivá-los a aderirem a nossa causa, a causa de nossa empresa. Se alguma empresa tentar me abordar em qualquer um dos pontos de contato, redes sociais, rua, lojas, shopping, imediatamente levanto as mãos e entrego tudo. Quem aborda é assaltante. Ou, a polícia... Jamais aborde, ou tente reter clientes. Tudo o que vai conseguir é tornar-se uma empresa repulsiva, repugnante, alimentando a resistência que naturalmente todas as pessoas têm em relação a abordagens e Tentativas de retenções.

As pessoas nem mesmo conseguirão olhar mais para sua marca. Mesmo a distância. Mesmo nos jornais, revistas, televisão, outdoor, e todas as demais plataformas. E se olharem tremem e caem em prantos... Mas e se assim mesmo, o objetivo de sua empresa é Reter pessoas mediante técnicas de Abordagens, parabéns. Sua empresa acaba de converter-se num estabelecimento penal. Sua empresa agora é uma cadeia!

Um dia perguntaram a Tony Hsieh (fala-se Shai), o empresário que vende qualquer produto que seja e entrega, sempre, felicidade, sobre "Reter Clientes..." e, Tony, respondeu, "Tudo o que procuro fazer é conquistar e preservar clientes em permanente estado de encantamento. Paixão contagia. E se seus clientes se apaixonarem, todos os demais virão naturalmente".

Quando Jeff Bezos comprou a Zappos de Tony Hsieh tudo o que queria era entregar sempre, em todos os seus negócios, e independente do que as pessoas comprem, felicidade.

O novo normal, ou o normal de sempre?

O que virá, e como seremos, é o que muitos se perguntam. Nas últimas semanas, li mais de 100 depoimentos de pessoas esboçando seus primeiros traços sobre um provável Novo Normal.

Separei três para este comentário. Dois que procuram alertar as pessoas enternecidas com a pandemia de bondade que inundou os corações, e fazem seus alertas; e um carregado de esperanças. Começo com o pianista e maestro argentino, Daniel Barenboim.

"Acho muito difícil imaginar como será a vida depois deste maldito vírus. As pessoas otimistas pensam que agora vimos como somos todos iguais, que não há pessoas privilegiadas, que este é um vírus que nos iguala e, então, vamos mudar para sempre, cuidar dos outros e ajudar quem mais precisa... Eu francamente não acredito nisso", diz Barenboim... E completa, "O instinto de fazer as coisas para o bem é um instituto maravilhoso, mas que não dura. O ódio, e tudo que é negativo, é muito mais excitante do que o bem. O bom e o positivo transmitem calma. Quando você encontra uma pessoa de bom caráter e bem disposta, é um grande prazer, mas não é excitante... Assim, não tenho a menor esperança de que as pessoas mudem por causa do coronavírus...". Essa, a manifestação do excepcional músico e maestro Daniel Barenboim.

O segundo depoimento é do escritor e doutor em filosofia pela USP, Luiz Felipe Pondé, e que vai direto ao ponto. "A epidemia das utopias fala coisas do tipo: iremos respeitar mais os humildes, seremos mais solidários... ok", diz Pondé, "durante a epidemia, sim, mas passada a peste a maioria voltará a ser e se comportar como sempre foi. Os humanistas da quarentena voltarão a fazer lives dos hotéis caros que frequentam... O mundo estará mais pobre. Os pobres mais pobres e menos dinheiro circulando. A economia será uma ciência ainda mais triste... o mundo será mais competitivo porque mais inseguro... a segurança dará de 7 a 1 na liberdade. O mundo será mais remoto e dos solitários... Encaremos os fatos. No Brasil só classes média e alta podem fazer quarentena. Só eles têm reserva financeira. A maioria esmagadora da população vai pedir esmola, seja do Estado, seja nas ruas... Perguntar por que pobre não faz quarentena é o mesmo que perguntar por que eles não comem bolo, já que não têm pão...".

E o terceiro do escritor mais lido dos últimos 10 anos, Yuval Harari. "Será um mundo diferente. Se melhor ou pior, isso dependerá de nossas decisões de agora. O mais importante é perceber que não há apenas um único resultado determinístico para esta crise. Temos escolhas a fazer. E, se fizermos as escolhas certas, poderemos não apenas superar o vírus, mas emergir da pandemia tendo construído um mundo melhor".

E vocês o que acham? Passada a Pandemia, o novo normal será rigorosamente o velho normal? Piorado, talvez para os sinceros, ou melhorado, talvez para os ingênuos... Quem sabe, otimistas... E você, já pensou como você amanhecerá no Day After? Algumas pessoas decidiram escrever agora, como acham que serão no Day After Coronacrise. Escrever e guardar, e só abrir dois ou três anos depois para ver se verdadeiramente se conhecem...

Um dia, e diante do caos em que se encontrava o mundo, Abraham Lincoln cunhou a frase com que inicio este artigo. Mais adiante aperfeiçoada pelo adorado mestre e mentor Peter Drucker que trocou o verbo. Em vez de "creat it", "build it". E é o que temos procurado fazer aqui na Madia, e recomendar a todos os nossos clientes de consultoria. "A melhor maneira de prever o futuro é construí-lo".

Você é leitor ou ouvinte?

Pesquise-se. Conheça-se. Tire proveito de suas características, ou atenue e proteja-se de suas limitações.

A primeira coisa a se saber, sempre, e em seu processo de autobranding, de construir sua própria marca, é ter consciência se você é um leitor ou um ouvinte. Poucas pessoas nem ao menos sabem se são leitores ou ouvintes e que, apenas excepcionalmente, podem ter as duas características. Alguns exemplos revelam esse desconhecimento.

Quando Dwight Eisenhower ocupava o posto de comandante em chefe das Forças Aliadas na Europa, era o queridinho da imprensa. Suas coletivas eram concorridas por seu estilo. Demonstrava total conhecimento e domínio sobre qualquer pergunta que lhe fizessem, e respondia com frases elegantes e brilhantes. Exemplos literalmente selecionados a dedo... E eram!

Dez anos mais tarde os mesmos jornalistas que foram seus admiradores o desprezavam de forma escancarada. Nunca respondia às perguntas e ficava enrolando ao infinito sobre outros assuntos. Respostas longas, incoerentes, e ainda repletas de erros gramaticais. Em verdade, Eisenhower não sabia que era um leitor, e não um ouvinte.

Quando comandante em chefe da Europa, seus assessores certificavam-se que cada pergunta fosse apresentada no mínimo meia hora antes de cada coletiva. E então, quando começava a coletiva, ele tinha o comando total.

Quando se tornou presidente sucedeu Roosevelt e Truman, dois presidentes que sabiam que eram ouvintes e adoravam dar coletivas abertas. Eisenhower sentiu-se na obrigação de fazer o mesmo. E, arrebentou-se! Mais tarde, o mesmo aconteceu com Lyndon Johnson, por que não sabia que era um ouvinte. "O ouvinte que tentar ser um leitor sofrerá o destino de Johnson, e o leitor que tentar ser um ouvinte terá o mesmo destino de Eisenhower".

E você, querido amigo, é leitor ou ouvinte? Ter-se consciência dessa característica, ao invés de limitação, converte-se em virtude, e evita e previne desastres monumentais.

Você não precisa perguntar para ninguém no que você é bom. Você sabe. Tem facilidade, deita e rola numa discussão aberta, ou é muito melhor preparando-se antes, e sempre que possível, tendo o suporte do teleprompter, quando vai gravar um vídeo...

Não gostou do que acabamos de dizer? Brigue com o mestre. Noventa por cento de tudo o que comentei com você foi escrito pelo adorado mestre e mentor Peter Drucker. Assim que começava um trabalho de consultoria numa empresa procurava identificar dentre as lideranças, os que eram leitores e os que eram ouvintes. E na hora de escalar o time, cuidava, mediante recomendações, que cada um explorasse ao máximo suas virtudes e competências naturais.

Tentar converter leitores em ouvintes ou vice-versa, ouvintes em leitores, segundo o mestre era perda burra e estupida de tempo e os resultados seriam os piores possíveis.

Pior ainda, muitos grandes líderes, na medida em que tinham um desempenho pífio em suas manifestações, acabavam encerrando a carreira precocemente, ou trabalhando à meia curva e velocidade.

Goleiro é leitor. Centro avante, ouvinte. Não tente transformar um goleiro em ouvinte e um atacante em leitor. O número de gols cairá para próximo de zero, em compensação os frangos vão se suceder e cantar até arrebentar seus ouvidos. Respeite as pessoas como são. E tudo fica mais fácil e rende mais. Sempre.

Jair Messias e Djoko. Ninguém muda ninguém

Tudo que uma empresa precisa fazer é definir um Phocus. E entenda-se por Phocus aquele conjunto de pessoas que por uma série de atributos

– sexo, idade, renda, preferências, vontades, ambições, movimentos, insiram-se de forma perfeita, se possível, nos serviços que a empresa/produto se dispõe a prestar. E depois, devida e competentemente estimuladas, comprem. É isso ou tudo isso.

Nenhuma empresa por maior e mais poderosa que seja tem competência para mudar quem quer que seja. Nenhum ser humano tem essa possibilidade ou poder. De certa forma, como diz a lenda, e as melhores práticas e experiências, nascemos prontos.

Claro que a educação é da maior importância e colabora decididamente para enfatizar nossos componentes positivos, e atenuar ou corrigir os tais defeitos de nascença. O tal do polimento. Mas no fundo, diz Belchior, "ainda somos os mesmos e vivemos como os nossos pais...".

Assim é a vida, o mundo, e tudo mais é perda de tempo. Seres humanos apaixonam-se por outros seres humanos na certeza de que permanecerão juntos pela vida, e que serão felizes para sempre. O que a realidade tem nos ensinado é que seres humanos se apaixonam pela imagem que criam de outros seres humanos, e não necessariamente pelo ser humano em si. Aquela pessoa tal como ela é.

E por essa razão, e invariavelmente, quando a realidade se impõe, muitas relações desfazem-se e cada um segue para seu lado. Qualquer outro entendimento não passa de perda de tempo e decepções inevitáveis. E essa compreensão é da maior importância para todas as empresas quando definem seus phocus.

Não podem acreditar por um único momento que o produto que estão lançando conseguirá mudar as aspirações e características das pessoas. Excepcionalmente isso pode até acontecer, mas 99% dos "cases de sucesso" são produtos e serviços que verdadeiramente encaixaram-se nas maiores e melhores expectativas das pessoas inseridas no Phocus e mereceram a preferência empolgada dessas pessoas.

Neste momento, dois exemplos espetaculares nos ensinam, pela infinitésima vez, que ninguém tem a capacidade de mudar quem quer que seja.

Os brasileiros, parte deles – a maioria – elegeram Jair Messias Bolsonaro que jamais escondeu o que verdadeiramente foi e é. Mesmo que quisesse esconder os sete mandatos de deputados – de 1991 a 2018 – revelavam tudo. Nem melhor nem pior, apenas o mesmo Jair Messias de sempre. E passaram a cobrar do produto que compraram, que se comportasse e prestasse serviços que não têm absolutamente nada a ver com suas competências e características. Compraram um Mazzaropi e queriam que se comportasse como Sir Lawrence Olivier.

O segundo exemplo é de um dos melhores tenistas dos últimos anos, o sérvio Novak Djokovic. Sabem-se lá por quais razões as pessoas acreditavam que o divertido e de certa forma irresponsável tenista, com a posição e o tempo converter-se-ia num anjo. Todos mais que enganados. Continua o mesmo demônio de sempre.

Em meio à pandemia organizou torneios com mais de 4.000 pessoas nas quadras, participou dos eventos sem usar máscaras, declara-se contrário às vacinas, "zoou" com os apavorados falando que o Covid era transmitido pelo 5G, e culminou nocauteando uma juíza de linha, ao lançar uma bola com muita força, e sem olhar, para trás... Dias depois de retornar às quadras por ter contraído o tal do Covid.

É isso amigos, somos como somos e é a partir do como somos e não como as empresas gostariam que fossemos é que começa o jogo. E, depois, é jogado. Tudo mais é delírio, perda de tempo, decepções infundadas, cobranças e expectativas improcedentes. Jair Messias seguirá Jair Messias, e Djoko seguirá Djoko até os finais dos tempos.

Ainda que alguns alimentem a tola expectativa de um milagre.

5 Razões para o Google ter comprado a Fitbit

1. Porque a mina de ouro da inteligência artificial é a saúde. Se paga o que for preciso por mais anos de vida.
2. Porque o monitoramento das pessoas no que diz respeito a sua qualidade de vida será feito por um chipizinho implantado entre o indicador e o polegar, o tal do biochip. Na Suécia, por exemplo, hoje já são quase cinco mil pessoas que realizaram o implante. Ou por um smartwatch ou smartband colado fora do corpo. Hoje, a Fitbit tem 27 milhões de usuários ativos transmitindo incessan-

temente bilhões de dados sobre suas performances, estado físico e muito mais. Noite e dia! Parte dessas pessoas são profissionais qualificados das maiores empresas do mundo que concordaram em usar a Fitbit por ocasião de suas admissões, para que as empresas os ajudassem nos cuidados com a saúde, e para que pudessem participar de grupos de relacionamentos tendo como tema a saúde. Assim, em muitas das principais corporações do mundo, usar uma Fitbit é mandatório.

3. Porque, e baseada em suas experiências de fracasso com duas redes sociais, inclusive com a primeira de todas, o Orkut, o Google concluiu que era e é infinitamente mais barato e menos arriscado comprar o que já se encontra institucionalizado e em velocidade de cruzeiro, do que desenvolver um novo gadget e perder de dois a cinco anos – tempo esse que não existe mais no mundo em que vivemos.

4. Porque hoje no território dos smartwatches, a única marca exclusiva e especialista é Fitbit. Perde longe em participação de mercado para Apple com 47%, e Samsung com 13%, mas mesmo assim possui mais de 11%, e é especialmente reconhecida como a única especialista e autoridade em sua área de atuação, uma marca exclusiva, enquanto as duas marcas líderes estão no território apenas para marcar presença. Ou, se preferirem, para Samsung e Apple smartwatch é apenas um entre duas dúzias de diferentes produtos. Para a Fitbit seus smartwatches são sua vida. Curto e grosso. Uma aquisição espetacular, brilhante, monumental, tão boa e oportuna quanto foi a do YouTube, em 2006, por um valor próximo, US$ 1.65 bi.

5. E por último, mas não em último lugar, para muitas pessoas e em muitas cidades americanas e em outros países, Fitbit virou a designação genérica de toda a categoria. Muitas pessoas dizem que vão comprar uma "Fitbit" da Apple, da Samsung, da Xiaomi... Iam... Agora é do Google! Fitbit é quase tão importante para os smartwatches ou bands, quanto Gillette para lâmina de barbear...

Chicletes para goma de mascar, Durex para fita adesiva, Bombril para esponja de aço... Ainda não em todo mundo, mas, com potencial para ser.

Assim, a empresa fundada no dia 26 de março de 2007, na cidade de San Francisco, na Califórnia, por James Park e Eric Friedman, poucos meses depois que o Google comprava o YouTube, e após sucessivas aquisições de outras pequenas empresas, desde 2019, faz parte da família Alphabet, a empresa, Google, que melhor conhece o que a quase totalidade das pessoas do mundo estão buscando, querendo, bisbilhotando...

Agora vai poder ajudar a todas essas pessoas a ter uma qualidade de vida melhor, espero. Quem prometeu isso, solenemente, foi Rick Osterlock, vice-presidente para dispositivos do Google, no momento em que anunciava a aquisição. Disse, "Privacidade e segurança são fundamentais. Assim como com os nossos outros produtos, seremos absolutamente transparentes sobre que dados estamos coletando, e o que pretendemos fazer com esses dados. Jamais venderemos informações pessoais para quem quer que seja. Prometo, em nome de toda a organização que os dados da Fitbit jamais serão usados pelo Google para vender anúncios. Desde já abrimos a todos os proprietários de Fitbits a possibilidade de apagarem todos os dados existentes sobre sua pessoa...".

É isso, amigos. Uma aquisição espetacular. Mas vamos ficar vigilantes para que verdadeiramente o Google cumpra o que naquele momento da compra e, solenemente, prometeu.

Crônicas do museu, ou vozes das catacumbas

De repente, não mais que de repente, plataformas analógicas de comunicação, ainda fortemente dependentes de como era e eram no passado, começam a bradar contra a suposta perda de importância do marketing nas organizações. Desconhecem, por exemplo, o que uma das catedrais do marketing decretou no ano de 2014, a Procter & Gamble! Decretou o fim do marketing como departamento ou diretoria. E a indução de uma cultura de marketing em toda a empresa, organização, fazer do marketing a razão de ser da Procter! O Ar. A Água. O Sentido. A Direção. Como nos ensinou décadas atrás nosso adorado mestre e mentor Peter Drucker, o Marketing é o negócio único e comum de todas as empresas.

O marketing finalmente alcança, agora, seu estágio máximo, rigorosamente dentro de sua concepção, no ano de 1954, no livro Prática de Administração de Empresas, do maior dos mestres da Administração Moderna, Peter Drucker.

Em sua manifestação histórica e monumental, o mestre orientava a todos que tinham olhos para ver e ouvidos para ouvir, todos os que detinham naquele momento a capacidade de entendimento, e quando muitos ainda acreditavam estarmos vivendo mais uma das supostas e tais revoluções industriais, que, "O marketing é infinitamente maior e mais importante que caixas de ferramentas". Que departamentos, Ou que diretorias nas empresas. Que o marketing era e continua sendo uma ideologia, a ideologia da empresa moderna. A forma de ver, pensar, planejar e ativar todos os negócios. De fora para dentro, sob a ótica do mercado, suspects, prospects e clients, nessa ordem.

Vivemos, segundo Peter Drucker, a sociedade e a economia do conhecimento. E quanto mais mergulhamos em suas práticas, mais adotamos o Marketing como ideologia. Isso significa o quê? Trazer, adotar e praticar a Empatia de forma permanente e consistente. Em nossas vidas, em nossas empresas, em nossos negócios.

Não dá para simular empatia nos negócios se a empatia não fizer parte de nossas vidas. Não integrar o nosso caráter. E marketing é, acima e antes de tudo, Empatia. Marketing é Empatia em Estado Puro. Assim, essa choradeira, essa bobagem de uma suposta perda de importância do marketing, é de um primarismo e burrice abissais. É refugiar-se em $C10\,H8$ da pior qualidade. $C10\,H8$, a fórmula molecular de naftalina.

Plataformas de comunicação que encampam essa tese, empresas e profissionais que têm essa preocupação e perdem tempo discutindo tamanha bobagem, exalam naftalina 24 x 24. Nas matérias, vemos ingênuos, despreparados, incompetentes, e tolos defendendo a importância das áreas de marketing e o valor dos CMOs (Chief Marketing Officers).

Não precisa. Não percam tempo! Todas as demais áreas da empresa correram atrás e agregaram, para sempre, uma visão, pensamento e a ideologia do marketing em tudo o que fazem. Hoje, e antes de olhar para dentro olham para fora. Administração, finanças, tecnologia, produção, logística, e muito especialmente RH, e todas as demais áreas, procuram colocar na cabeça de todas as pessoas que integram suas equipes, incluindo parceiros e fornecedores, uma pergunta essencial antes de tomar qualquer decisão. Antes de fazer o que quer que seja. O QUE PRETENDO FAZER AGORA AGREGA COMPETITIVIDADE E VALOR AOS MEUS PRODUTOS E SERVIÇOS, E À MINHA MARCA NO MERCADO?

Se a resposta for sim, acelera! Se a resposta for não, aborta enquanto é tempo. Isso posto, e a todos que continuam insistindo nessa lenga-lenga e exalando naftalina de péssima qualidade, uma espécie de aroma da ignorância, incompetência, vaidade e estupidez, por favor, não esperem nada de minha pessoa que não seja um profundo e solene desprezo. Sem a compreensão, entendimento, visão e adoção da Ideologia do Marketing as chances de sucesso de uma empresa reduzem-se a zero.

Se isso já era essencial nos tempos de economia analógica, agora, na nova economia, na OREX, Organizações Exponenciais, ou, se preferirem, EXOR – Exponencial Organizations, hoje é questão de vida ou morte. Sem a compreensão e domínio do marketing, a escalabilidade torna-se uma impossibilidade absoluta.

Assim, em vez de tentarmos defender o que supostamente não mais nos pertence, profissionais e empresários do marketing, e que cá entre nós jamais nos pertenceu, apenas em cabecinhas ocas e parvas isso acontecia, vamos todos oferecer uma contribuição relevante para nossas empresas atuando positiva e decididamente, para a indução completa e irrestrita de uma Cultura de Marketing em todo o capital humano.

A única cultura, a do marketing, repito, a única, capaz de possibilitar uma travessia segura das empresas do velho para o novo mundo. Da velha para a nova economia. Do execrável para o admirável mundo novo.

Em frente!

Ser "velho" uma mega vantagem competitiva

Muitas pessoas continuam deixando se vergar ou entregar, ou render-se à idade, jogando a toalha, conformando-se, e até mesmo desistindo.

Contando semanas e dias para a partida. Ser velho não é uma condenação, é uma escolha.

Ser "velho" é, acima de tudo, uma mega vantagem competitiva, desde que a pessoa que passou o sinal dos 70 continue preservando-se atualizada. E isso só depende dela. Em igualdade de condições, salvo naquelas funções em que o vigor físico continua sendo importante, não trocamos aqui na Madia um de 60 por dois de 30. Claro, desde que o de 60 ou mais anos tenha se preservado vivo, atualizado. Caso contrário, torna-se num chato, insuportável. Passa todos os dias falando do passado.

O jovem tem mais facilidade de inserir-se rapidamente numa nova cultura, nos avanços da tecnologia, e também no aprendizado. Pelo fato de ser jovem, não tem nenhuma cultura o suficientemente enraizada em sua cabeça e comportamento, e assim, não tem que descartar e renegar o que quer que seja. Apenas assimilar e por uma primeira vez.

Não tem a barreira de eventuais preconceitos culturais por conhecimento anterior ou passado, pois, via de regra, e com raríssimas exceções, não tem conhecimento algum. Apenas está incorporando uma primeira carga de conhecimento e, assim e sem barreiras de qualquer espécie, assimila com muito maior facilidade.

O que já não acontece com as pessoas de mais idade, que já têm toda uma moldura estabelecida e formatada em suas cabeças, e tenta, inutilmente, em boa parte das vezes, encaixar o novo no velho. Não encaixa.

Mas, se não se descuidar, tem uma qualidade, virtude, exclusividade, que só vem com a idade. A capacidade de contextualizar, de ter insights pelas faíscas decorrentes do choque do conhecimento pré-existente com os novos estímulos. Conquista absolutamente impossível para quem tem poucos quilômetros de estrada, ainda não amaciou, e é pego de surpresa no contrapé o tempo todo. Os jovens. Daqui a 10 anos, o Brasil terá a quinta população mais idosa do mundo. E em 2050, 1 em cada 3 brasileiros terá mais que 50 anos de idade. Isso poderá converter-se num peso ou num diferencial competitivo do Brasil.

Desde que, repetindo, os tais dos velhos preservarem-se atualizados, correrem atrás de todas as novidades, e tirarem proveito de seu capital de conhecimento, da experiência de décadas de estrada, e que se traduz, repito, na capacidade de contextualizar, de ter insights, e resolver sempre com mais rapidez e qualidade. Ser velho pode ser ótimo, pode ser péssimo.

Faça a sua escolha, quando o momento chegar.

CAPÍTULO 3

SUCESSOS, FRACASSOS, APRENDIZADOS

A incrível história de GUILHERME BENCHIMOL e seu XP, o apóstolo da desbancarização que no final bancarizou. E com o digital a instituição do "freemium" converteu-se em realidade.
A história de dois navios. Um que viveu um terror – DIAMOND PRINCESS. E o outro, o cúmulo da bagunça e falta de planejamento – USNS COMFORT.

A reinvenção do negócio do café by NESTLÉ. E a revelação do mundo das cápsulas. E o desastrado e triste dia em que o bilionário mágico asfixiou a pomba e matou o coelho.

Raridade, empresário assume e confessa erro, e, mais de três décadas depois, COCA-COLA comete o mesmo erro da BOLS. BOLS com DAKAR, e COCA com SCHWEPPES.

Enfant gâté, ou o sapo e o escorpião

Não me lembro de outro "enfant gâté" tão superlativo no mercado financeiro do país. E olha que acompanho esse mercado desde a Lei da Reforma Bancária e a Lei do Mercado de Capitais. Com todas as honras e merecimentos chegou lá. Meses atrás passou a integrar a lista dos 20 bilionários brasileiros da revista Forbes, com um patrimônio avaliado em US$ 3 bi, e à frente dos irmãos Joesley e Wesley, US$ 2,6 bi; e Abilio Diniz, US$ 2,3 bi.

"Às 11h48 do dia 29 de outubro de 2013, a revista Exame, que hoje pertence ao Pactual, publica entrevista concedida à Carolina França. Da entrevista o momento em que ele, Guilherme Benchimol, e seu sócio, Marcelo Maisonnave, romperam com a dúvida tautológica – as pessoas não investem porque não sabem ou não sabem por que não investem" – e decidiram ensinar novos e futuros investidores.

Filho de cardiologista, Guilherme estudou economia, foi trabalhar numa corretora e em 2001, na crise, quase foi demitido. Conheceu o dono de outra corretora em Porto Alegre, aceitou um convite de trabalho e mudou-se para a cidade. Lá conheceu Marcelo Maisonnave e decidiram sair. Alugaram um pequeno escritório, convidaram dois estagiários, Tiago e Ana Clara, que embarcaram na aventura. Tiago saiu, e Ana virou sócia da empresa. A XP Investimentos não decolava. Pensando em desistir, amigos de Marcelo pediram aulas para aprender como investir em ações. Primeira turma 20 pessoas; segunda, 30; que iam convertendo-se em clientes. Do Rio Grande do Sul para Santa Catarina, para o Paraná e chegando a São Paulo. 2007, 30 filiais. No meio tempo, os dois sócios e amigos constituíram famílias, tiveram filhos e Marcelo decidiu sair. Em seu livro, que acaba de lançar, explica: "O modelo da XP não é o modelo mais atual, baseado em transparência em um jeito novo de investir, sem conflitos de interesse…".

Em 11 de maio de 2017, o Itaú compra 49,9% do capital da XP por R$ 5,7 bi. O mesmo Guilherme, que na publicidade da TV chamava os clientes dos bancos de – no mínimo ingênuos, ou trouxas – recomendando a todos que "desbancarizassem", assim como os gerentes desses bancos, que parassem de trabalhar para os bancos e passassem a trabalhar para eles mesmos, e, claro, na XP… O apóstolo da "desbancarização", bancarizou! E mesmo depois da sociedade com o Itaú não parava de desancar os bancos: "não conheço nenhum gerente de banco que seja feliz...".

Não foi por falta de aviso. Antes da compra dos 49,9% da XP, todos os que foram consultados pelas famílias acionistas do Itaú recomendavam cuidado com a impulsividade e o gênio de Guilherme. E sempre se referiam à história do sapo e do escorpião... Mas foi um ótimo negócio. O Itaú multiplicou algumas vezes o investimento que fez. Mesmo tendo a lua de mel entre os sócios durado apenas poucas semanas. O que é um ótimo negócio?...

No meio do caminho, vendo seus agentes serem assediados pelo Pactual, a XP decidiu criar obstáculos para que saíssem. Foi denunciado no Cade por seu concorrente por "atos com o claro objetivo de impedir que os agentes autônomos migrassem para outras plataformas, prejudicando a desejada e salutar concorrência". Rigorosamente o mesmo que fez com os grandes bancos e durantes anos... Finalmente, cansado de ser tripudiado pelo sócio XP, e precisando dar uma resposta para seu capital humano, o Itaú decidiu sair no braço via propaganda. Guilherme ensandeceu e subiu o tom na resposta.

Durante semanas não se falou em outro assunto em sucessivas reuniões do Itaú. Nas principais famílias de acionistas – Vilella, Moreira Salles e Setubal, o sentimento é de indignação. Bombeiros de plantão tentaram apagar o incêndio. Enquanto outras pessoas se lembram da história do sapo e do escorpião, ou do provérbio espanhol, "cria cuervos y te sacarán los ojos".

"É muito dinheiro e acabarão se acalmando", diziam os mais sábios e experientes. E foi o que aconteceu. Mas, a partir daquele momento, trincou de vez e sem chances de colar novamente.

Ficou a lição. Por melhor que seja um negócio, em termos financeiros, vale a pena ser sócio de pessoas com propósitos e princípios mais que diferentes antagônicos?

Pagando para vender

Já comentei sobre o dia em que cheguei à Disney com a Katinha, minha companheira de vida, e foi fazer o check-in no Hilton Disney Village, em Orlando. E a recepcionista, terminado o check-in, a convidou para conhecer um café da manhã – disse ela, "o melhor café da manhã do mundo" – de um novo hotel que a cadeia Hilton estava inaugurando na Universal.

Além do café, oferecia limousine com motorista para levar e trazer de volta, e ainda pagava US$ 150 por termos aceitado o convite e pelo tempo. E caso a Katinha, topasse e fosse junto, outros US$ 150. Eu não aceitei e fui direto na manhã seguinte para o Magic Kingdom reencontrar o Mickey depois de muitos anos.

A partir da virada do milênio, e com o digital decolando, o "freemium" foi prevalecendo. Oferecer-se por um determinado tempo e de graça o que custa alguns dinheiros. A plataforma de business mentoring do MadiaMundoMarketing, Perennials, por exemplo, oferece os primeiros 30 dias para degustação e sem nenhum desembolso. Depois custa uma mensalidade de R$ 58.

Na última Black Friday aqui no Brasil, o pagar para as pessoas comprarem prevaleceu em muitos negócios. Em especial no território da alimentação e na briga histórica entre o Mac e o Burger King. Na crença que comprando por um preço simbólico que nem mesmo pagava o valor da entrega, as pessoas acabariam gostando, e na medida em que cederam e liberaram seus dados para ter o benefício, poderiam ser motivadas na sequência. Assim, e para a perplexidade de muitos:

- Mac e Burger King estapeando-se venderam alguns de seus sanduíches que custam na faixa dos R$ 20 por R$ 1 ou R$ 2. Menos o que custa um pão de queijo pequeno.
- Os aplicativos de entrega entraram na mesma "vibe" e o Uber Eats passou a oferecer o Big Mac por R$ 1 para os novos clientes do aplicativo... Legal, mas, imagino que os clientes de sempre não ficaram muitos felizes e sentiram-se, de certa forma, punidos pela preferência e lealdade. Uma espécie de tiro no pé...
- O Mac também vendeu 10 cheeseburgers por R$ 20, desde que o comprador utilizasse o cupom presente no aplicativo...
- Já quem usou o Mercado Pago, sistema de pagamento do Mercado Livre, comprou e comeu um Quarteirão e um Cheddar McMelt por apenas R$ 4,90.

- O Burger King respondeu através do mesmo aplicativo de pagamento do Mercado Livre oferecendo seis lanches por R$ 15.

Terá válido a pena? O tempo dirá. Mas os dois lados acreditam que, para não decepcionar seus admiradores, jamais poderiam jogar a toalha e fugir da "guerra". O que pensamos sobre o assunto?

Que se tivessem se planejado de forma mais consistente, poderiam praticar os mesmos preços de sempre, oferecendo brindes e contrapartidas competentes para permanecer e ser lembrados por um tempo infinitamente maior do que apenas uma única e tumultuada sexta.

Brindes e contrapartidas exclusivas, únicas, irresistíveis, memoráveis, repito. Mas como negligenciaram nos planos, e em meio à excitação e atropelos, tentaram, minimamente, salvar as aparências.

Que para a próxima Black Friday, que está confirmado, e depois da imensa surra coletiva em todos os negócios aplicada pela pandemia, sejam irretocáveis em seus planos, e abandonem o RM – Repentista Marketing, também conhecido como GM – Gambiarra Marketing. Quem gosta de repentista é forró. Black Friday prefere outro tipo de música.

Diamond Princess

Centenas de empresas, produtos, pessoas, acontecimentos, são candidatos a serem marcas – para jamais nos esquecermos – do que vem sendo a Covid-19. Dentre todos os candidatos à marca, a liderança ainda continua com o deslumbrante transatlântico Diamond Princess. No mínimo, uma das grandes e tristes marcas.

De propriedade e operado pela Princess Cruises, garrafa de champanhe quebrada em seu casco no mês de março de 2004. Tinha um irmão gêmeo – Sapphire Princess. Construídos em Nagasaki pela Mitsubishi Heavy Industries. Em verdade, o Princess é que iria se denominar Sapphire, mas como seu irmão gêmeo pegou fogo durante a construção optou-se por Princess.

Um certo dia o Titanic partiu com pompas e circunstâncias para sua viagem inaugural – 10 de abril de 1912, Southampton, NYC –, colidindo com um iceberg às 23h40 minutos do dia 14 de abril e afundando na madrugada do dia seguinte. O Diamond Princess partiu do Porto de Yokohama, no dia 20 de janeiro de 2020, para um roteiro que estava acostumado a fazer, diferentes portos pelo caminho, e com 3.711 pessoas a bordo.

No dia 5 de fevereiro, o mundo acorda com uma tragédia. "Dez pessoas a bordo de um navio de cruzeiro ancorado ao largo da cidade de Yokohama, próximo de Tóquio, infectadas com o novo coronavírus...". Todos os passageiros proibidos de descer...

No total foram 39 dias ancorados, centenas de histórias, fortíssimas emoções, dramas inimagináveis. Eram 2.700 passageiros e 1.011 membros da tripulação. De diferentes culturas e religiões, e 50 nacionalidades. Ao final, 712 contagiados, 20% das pessoas a bordo, e dessas, sete pessoas mortas.

Como é de praxe, educação, e dos melhores costumes, o último a descer do Diamond Princess foi o comandante, Gennaro Arma, 25 anos de experiência, e 22 trabalhando para a Companhia Princess Cruises. Imediatamente condecorado pelo governo italiano.

A liderança protagonizada por Gennaro, – espetacular, segundo a manifestação dos quase náufragos contaminados –, insere-se no território das mais importantes lições de Gestão de Crise de todos os tempos e no negócio de cruzeiros marítimos.

E talvez, a maior vítima do que aconteceu com o Diamond Princess tenha sido um outro navio. O MS Westerdam que depois de uma via crucis conseguiu autorização do Camboja para atracar, tendo sido recusado antes por 4 portos – Taiwan, Filipinas, Guam e Tailândia. Portos temerosos que se repetisse o mesmo drama do Diamond Princess.

Em decorrência da coronacrise, as empresas de cruzeiros marítimos registram uma perda em seus livros da ordem de 80% de seus valores de mercado. E ainda não sabem quando poderão retomar as operações e dizer "Barcos ao Mar...". E uma vez mais se confirma o que o mundo sabe desde séculos atrás. Um dos piores lugares para se estar quando eclode uma pandemia é num navio.

Assim, e além do Diamond Princess e do MS Westerdam, outros transatlânticos viveram dramas semelhantes. E conforme relatam os livros referentes às pandemias anteriores foi nos navios que os vírus se espalharam com maior velocidade. Pelo confinamento, pela utilização em comum de muitos equipamentos – de piscina a talheres e toalhas –, pelos jantares e noitadas nas boates a bordo... Quando se constata um primeiro caso, certamente muitos outros se manifestarão em sequência. E aí vem o drama da distância, de não poderem atracar, de permanecerem confinados em pequenos quartos, muitas vezes marido e mulher sendo separados...

No livro do historiador americano Alfred Crosby, Epidemia e Paz, 1918, o relato de navios que precisaram permanecer ao largo durante meses. Relata Crosby, "A ética não era a mesma, a quarentena consistia em dizer, **morra no seu barco e não venha nos contaminar...**".

Ou seja, reze sempre para jamais estar num cruzeiro, na hipótese de uma nova pandemia. E mesmo depois de superada a pandemia, as empresas de cruzeiros ainda terão uma longa jornada para resgatar a imagem da atividade. Nem todas conseguirão. Em muitas, os rombos nos cascos são definitivos.

O mundo das cápsulas, ou a tríplice coroa da Nestlé

O mundo das cápsulas começa no ano de 1970, quando a Nestlé constituiu uma primeira equipe de técnicos para correr atrás de uma hipótese. A hipótese de se criar uma máquina para uso das pessoas, famílias e empresas, também, e que conseguisse produzir um café igual, ou melhor, ao tirado pelos melhores baristas. Todo o trabalho consumiu mais de uma década. Um primeiro protótipo ficou pronto em 1976, a partir do qual a Nestlé requereu a devida patente.

Dez anos depois, 1986, decidiu constituir a Nespresso, na cidade suíça de Vevey, em parceria com um fabricante local, a Turmix, começando com uma operação piloto de venda do sistema Nespresso – máquinas + cápsulas – na Suíça e na Itália. Antes da virada da década foi lançada nos Estados Unidos.

Exatamente na semana em que meu filho Fabio e eu, estávamos em Nova York, e conhecemos o lançamento no Bloomingdale's, da 3ª com a Lexington. "Quando fomos nos aproximando do lugar de degustação, aquelas cápsulas metálicas em caixas de madeira mais lembravam bombons..." conta o Fabio. Desde então o business das cápsulas invadiu o mundo, e escalou numa velocidade espetacular.

De certa forma, e para dezenas de produtos, começamos a viver o Mundo das Cápsulas! Mesmo improvável, especialistas garantem que em questão de anos daremos fim às garrafas de refrigerantes, sucos, demais bebidas. O fim do transtorno da logística e distribuição para os fabricantes. O fim de garrafas e latas pesando entre 300 e 700 gramas, substituídas por cápsulas que pesam menos de 10 gramas. E com as máquinas nas casas, "tirando" as diferentes bebidas na hora.

Mas, e como não poderia deixar de ser, na medida em que as patentes do Nespresso expiraram, e hoje existem milhares de empresas que envasam cafés, chás e outras bebidas em cápsulas, vivemos o desafio do descarte. Que, pressionadas, finalmente, as empresas começam a encarar.

Meses atrás, a Nestlé publicou um encarte nos jornais comentando sobre como vem procedendo para atenuar o acúmulo de cápsulas na natureza. Demorou, em nosso entendimento, para a Nestlé tomar essa decisão e começar a movimentar-se, mas parece que desta vez, e devido a pressões de diferentes organismos, o desafio será encarado com maior responsabilidade. Nas semanas seguintes fez parceria com o Pão de Açúcar para receber o descarte em algumas lojas na cidade de São Paulo.

De qualquer maneira, e esse mérito jamais poderá ser tirado, a Nestlé mudou para melhor, para muito melhor, a alegria e prazer de tomarmos um café de ótima qualidade, assim como a cultura de compra e consumo de bebidas.

Talvez, nem mesmo a Nestlé tenha se dado conta da importância de sua inovação. E tenha demorado tanto para avançar e ocupar mais posições no território das bebidas, e muito especialmente, dos cafés. Nestlé, a mesma empresa que salvou a cafeicultura do Brasil no ano de 1929, a pedido do governo brasileiro que não sabia o que fazer com os excedentes de café, em decorrência da quebra da bolsa em Wall Street, e com seu novo método de preparo naquele momento histórico, o Nescafé. O café solúvel.

São poucas, raras mesmo, as empresas que conseguem associar de maneira consistente e forte sua marca com três alternativas de alimentos. A Nestlé conseguiu essa proeza. Relacionamos, reconhecemos e testemunhamos a autoridade da Nestlé, nos territórios do leite, do café, e do chocolate. Com total merecimento. Uma empresa tríplice coroada!

USNS Comfort, o preço do achismo

Podemos decidir e resolver fazer o que quer que seja. Claro, desde que previsto, planejado e ativado, antes. Durante, costuma dar merda. Não é em momentos de crise ou durante tempestades que se constroem abrigos. É antes, sempre antes. De preferência, muito antes.

Se no passado, por falta de conhecimento e recursos, em muitas situações planejar-se antes era uma impossibilidade absoluta, hoje, não se planejar e, se possível, se fazer antes é, no mínimo, imprevidência, desleixo, quem sabe crime culposo.

Em 2020, por exemplo, o governo brasileiro foi pressionado e chamado de incompetente por não conseguir fazer chegar aos beneficiários os tais de R$ 600,00 e outras providências mais, votadas e aprovadas para atenuar a coronacrise.

Com a tecnologia mais que disponível e abundante, o Brasil, assim como todos os demais países, já deveria ter se organizado com um cadastro único e completo de identidade de todos os seus cidadãos, onde figurassem todos os brasileiros a partir do nascimento, com os dados necessários e suficientes para que pudessem ser acionados sempre que preciso. Mas, como somos um "País 3Is" – imprevidente, incompetente e ignorante –, não fizemos antes e nos açodamos em momento de crise dramática com uma única certeza: em maiores ou menores proporções **iria dar merda**. E Deu!

Dentro dessa linha de continuar acreditando que no final tudo dará certo, que Deus se encarregará de suprir nossa imprevidência e despreparo, o governo dos Estados Unidos decidiu porque decidiu, sem ter tido a responsabilidade mínima de estressar todas as possibilidades, decidiu mandar um de seus grandes navios hospital, o USNS Comfort, para atracar em Manhattan, e aliviar todos os demais hospitais das internações de rotina, abrindo mais e muitas vagas para os pacientes da Covid-19.

Construído no ano de 1975, batizado em 1976, e lançado ao mar em fevereiro de 1978, com 272 metros de cumprimento e 32 de largura, atracou em New York City no dia 30 de março de 2020, e por lá permaneceu, exatos 30 dias, partindo em 30 de abril.

E o que aconteceu...? Nada!

Mesmo porque nada acontece desde que não devidamente planejado.

Conclusão, para a perplexidade e revolta de todos os nova-iorquinos e demais estadunidenses, a esperança navio que atracou nos portos da cidade numa segunda-feira, até a quinta-feira, de seus 1.000 leitos, tinha apenas 20 ocupados. E as 12 salas de cirurgia com as luzes apagadas, jamais foram usadas, e os 1,2 mil médicos de braços cruzados, e profundamente incomodados, constrangidos, putos, revoltados.

Jamais nos esqueçamos dessa lição uma vez mais repetida à exaustão na presente crise. Do céu só continua caindo chuva, granizos, e vez por outra, felizmente, algum meteorito de pouco risco. Deus, para os que creem, ou a natureza, para os agnósticos, já nos deram tudo o que poderiam nos dar. A partir daí é com a gente. Sem pensar, planejar, e agir, no tempo certo – e tempo certo é na maioria das vezes e situações antes – continuaremos condenados a repetir as mesmas e infinitas tolices, e depois reclamarmos de supostos e eventuais terceiros irresponsáveis...

O dia em que o mágico asfixiou a pomba e matou o coelho...

Nos últimos dois anos, o mágico e sua mulher iam todos os dias para o aeroporto de Roraima para saber se havia lugares vazios nos voos. Se tivesse, lá iam os refugiados venezuelanos para o sul do país recomeçar suas vidas. Foi feito um acordo com as empresas aéreas que cediam os lugares vagos para essa nobre missão.

Carlos Wizard Martins, Grupo Sforza, dono de uma fortuna de mais de R$ 2 bilhões: Grupo Sforza, leia-se, KFC, Pizza Hut, Taco Bell, Aloha, Rainha, Topper, Ronaldo, Orion, Logbras, Hickies, Number One, Wise Up, Neymar Sports, Mundo Verde, dentre outras.

Dedicou os dois últimos anos de sua vida em mais uma obra social, dentre tantas que ele e sua família já protagonizaram. Toda essa história está sintetizada no livro de sua autoria lançado no início de 2020, Meu Maior Empreendimento. Mas, caiu em tentação...

"Esse período em Roraima foi um grande exercício de humildade. No mundo corporativo, quando fazia viagens internacionais para a China ou Dubai, por exemplo, chegava ao aeroporto e já havia pessoas da companhia aérea me esperando. Assim que me reconheciam me levavam para a frente da fila, carregavam minha bagagem, me levavam para a sala vip. Com os refugiados era o contrário. Eu ficava no final da fila esperando todo mundo embarcar, aguardava encerrar a lista de espera e, então, mendigava um lugar vago... Todos os dias eu ia para o aeroporto com os colombianos. Se houvesse lugares vagos eles embarcavam. Caso contrário, tentávamos no dia seguinte...". Carlos entrevistado por Rodrigo Caetano, Revista Exame.

"No que essa experiência de Roraima muda seus negócios?" Responde o mágico, "Um dos diferenciais de nosso grupo empresarial é um encontro toda a segunda-feira, às 8 horas. No auditório cantamos o Hino Nacional, o hino da empresa, felicitamos os aniversariantes, as grávidas, as novas mães e encerramos com um café da manhã. Ninguém se atrasa... Tenho uma formação religiosa, sou membro da Igreja de Jesus Cristo dos Santos dos Últimos Dias. Essa base me ajuda no mundo corporativo... A fé é uma forma de tratar bem o semelhante...".

Carlos Wizard Martins, um benchmark da melhor qualidade sobre como empresários e profissionais sempre deveriam comportar-se... Mas, caiu em tentação... Recebeu um convite e, sem refletir, disse sim... Aceitou ocupar uma vaga no Ministério da Saúde a convite do Messias e do ministro Pazuello, com elevadas chances de, em poucas semanas, ser o novo ministro e ocupar o lugar do interino Pazuello.

Na empolgação, e acostumado sempre a dar declarações sobre seus negócios onde é o todo-poderoso e domina todas as mágicas, Wizard, fez a perigosa mágica de falar pelos cotovelos. Querendo agradar o Messias, declarou ao O Globo, "tem muita gente morrendo por outras causas e os gestores públicos puramente por interesse de ter um orçamento maior nos seus municípios, nos seus estados, colocam todos os mortos como Covid...".

A casa caiu... Em 48 horas o mágico desculpou-se, diante da indignação de políticos, e da pressão de seus sócios em seus negócios, e declarou, "Hoje, 7 de junho, deixo de atuar como Conselheiro do Ministério da Saúde. Além disso, também fui convidado para assumir a Secretaria de Ciência, Tecnologia e Insumos Estratégicos da pasta. Agradeço ao Ministro Eduardo Pazuello pela confiança, porém decidi não aceitar para continuar me dedicando de forma solidária e independente aos trabalhos sociais que iniciei em 2018 em Roraima...".

Depois de uma história de vida espetacular, de narrativa única, de grandes e muitas realizações, e sucessos, sempre, no mínimo, Wizard escorregou na vaidade e na crença que dominava todos os truques... Não dominava. Ninguém domina.

A Maiori, Ad Minus – "Quem pode mais pode menos." Pode ser que isso funcione na Justiça. Na vida, a realidade é outra completamente diferente. Se faltava um truque dar errado na vida de um mágico que jamais asfixiou pomba ou matou coelhos, finalmente chegou o dia.

Que todos tenham aprendido a lição. Empresários, façam seus truques apenas nos territórios que dominem, e onde revelem total e comprovada competência. Como disse Dorothy, no final de O Mágico de Oz, "Não há lugar como nossa casa!".

Raridade: empresário assumindo e confessando erros

É muito difícil, pouquíssimas vezes testemunhamos. Um empresário assumir, publicamente, sua culpa, por decisões erradas, diante de desempenho e resultados decepcionantes de sua empresa.

Antes da pandemia, vivemos um desses momentos raros. A família Hering, que comanda a empresa que leva seu nome, confessando que parte dos resultados decepcionantes do final do ano de 2019, teve tudo a ver com as mudanças de comportamento do consumo desde a chegada da Black Friday, e que encavala com as compras do Natal.

Mas, na outra parte, e até mesmo como decorrência dessa constatação, confessam e assumem, erraram na política de produtos e de preços.

Em conferência com gestores de fundos, investidores e acionistas, Fabio Hering, CEO da empresa que leva o nome de sua família, declarou, "O trimestre teve comportamento bastante heterogêneo e disperso. Pelas notícias, vemos em alguns casos que foi o melhor Natal dos últimos anos, e, em outros, que foi uma performance medíocre. Em nosso entender, uma parte desse resultado medíocre da Hering foi de nossa responsabilidade...".

"Enquanto muitos dos demais varejistas", – declarou Thiago Hering, diretor executivo de negócios da empresa, – "entenderam e buscaram vender muito mais presentinhos no Natal, entre R$ 20 e R$ 30, não fomos capazes de acompanhar esse movimento com consistência...".

Ou seja, amigos, atrás da confissão sincera e corajosa da família Hering assumindo o erro, a Black Friday mudou para sempre as até então compras de Natal. Não adianta tentar remar em sentido contrário e nem se julgar capaz de ser uma exceção. As compras pesadas, consistentes, e de maior valor, sempre acontecerão na Black Friday. E no Natal, lembrancinhas... Simples assim.

Conclusão, após as declarações do comando da empresa, as ações da Hering, nos dias seguintes, registraram uma queda de 12,6%; traduzidos em dinheiro, R$ 600 milhões a menos em valor de mercado em um único dia...

Perdeu, por semanas ou meses, parte de seu valor de mercado. Mas, a credibilidade, permanece totalmente preservada. E brevemente recuperará o dinheiro provisoriamente perdido, resgatando sua trajetória de décadas de conquistas e sucessos.

É em momentos como esses que se conhece a dimensão da seriedade e responsabilidade dos que comandam.

Schweppes, Dakar 2

Décadas atrás, talvez os mais velhos de vocês se lembrem, a Bols decidiu – sabe-se lá por quais razões – que as pessoas, muito especialmente os homens, estavam cansadas e não queriam e nem mais tinham tempo para prepararem seus drinques. E assim, num lance de suposta inovação, lançou a bebida Dakar. Nas versões Gim Tônica, Cuba Libre, Hi-Fi e outros mixes.

A certeza do sucesso era tão grande que em vez de um criterioso lançamento em mercado-teste, preparou uma mega campanha e lançou nacionalmente. Nas principais redes de supermercados do país, em todas as suas lojas, pilhas da novidade: Dakar. Passou os dois anos seguintes recolhendo produtos nos pontos de venda. Pesquisa posterior confirmou o óbvio.

A Bols tinha conseguido acabar com o barato que os apreciadores de drinques mais gostavam: o ritual da preparação. Abrir a tampinha e despejar num copo com gelo era tédio, emoção zero, quase um funeral...

Meses atrás, mais de 40 anos depois, a Coca-Cola repete a temeridade. Tudo bem, o poder de distribuição da Coca é monumental comparado com a Bols, mas, e se nossa sensibilidade permanece em bom estado, hoje, mais que há 40 anos, as pessoas que gostam de preparar drinques gostam de preparar drinques, e não, já encontrarem pronto na garrafinha. Não só não gostam como, pior ainda, detestam, odeiam, xingam...

De qualquer maneira, aí está a Coca, com sua marca Schweppes, nas versões com gim, vodca e espumante. Um pouco diferente do que fez a Bols, mas, repito, uma temeridade.

Por outro lado, elevadíssimo risco de uma marca que jamais considerou a possibilidade de comercializar bebidas alcoólicas, não ter resistido, flexibilizado, e lançado uma sombra ou dúvida sobre seus fundamentos. Já tinha feito no ano de 2019 no Japão, com o lançamento do Lemon-Do, e em versões com 3% e 7% de álcool...

Empresas, como pessoas, vez por outra cochilam, não resistem a tentações, cometem pequenos pecados, arrependem-se, e prometem nunca mais incidir na bobagem. Anos ou décadas depois, e nem mais se lembrando da lambança, voltam a repetir.

CAPÍTULO 4

BRANDING

Na esquina da Rua da Consolação, cidade de São Paulo, um restaurante chamado SUJINHO! E que mais que deu certo e multiplicou-se em outros endereços próximos. E muitos insistindo na adoção de práticas de BAD – BRANDING A DISTÂNCIA . Uma impossibilidade absoluta.
E aí teve um cracasso de futebol chamado RIQUELMES. E muitos pais decidiram batizar filhos de RIQUELMES. Todos encontraram-se na copinha da Cidade de São Paulo. Mas personagens das novelas da Globo continuam sendo responsáveis pelos nomes mais escolhidos por pais para batizarem seus filhos nas cinco últimas décadas. Já no tocante a PANETONES a régua, o paradigma, chama-se BAUDUCCO. Todos os demais, na boca e no coração dos brasileiros, e por mais caro que custem, são "contrafações grosseiras".
MARCA PRÓPRIA segue sendo uma tremenda bobagem e maior perda de tempo. Mas CASINO e PÃO DE AÇÚCAR adoram reincidir nos erros. E a história mais que inspiradora de CLEUSA MARIA DA SILVA, mais conhecida pela soma dos "namings" de seus filhos – SOFIA E DIEGO – "SODIÊ".
As inspiradoras e consistentes lições involuntárias de BRANDING por um cirurgião plástico, e a pergunta que não quer calar – em decorrência da pandemia. "CORONA" é, ainda, uma boa marca?

Grupo Sujinho

Vocês já ouviram falar? Vocês acham possível algum grupo de empresas intitular-se Grupo Sujinho?... Pior, ainda, você consideraria um dia batizar seu negócio com uma palavra que remetesse a uma sensação exatamente oposta àquela que gostaria que seus clientes sentissem e/ou tivessem quando acessassem seus serviços?

Pois bem, dois portugueses, Antonios, apelidados respectivamente de Careca e Cabeludo, um dia, início dos anos 1960, decidiram montar um boteco na Rua da Consolação esquina com a Maceió. Boteco mesmo!

Naquele momento as prostitutas mais desejadas da cidade faziam ponto nas imediações, entre o boteco e o auditório da TV Record onde, todos os sábados, às cinco da tarde, acontecia o programa Jovem Guarda. Assim, Roberto, Erasmo e seus convidados frequentavam o boteco dos Antonios para beliscar, vez por outra, calma... Um delicioso bolinho de bacalhau. Como o boteco além de pequeno era mal cuidado, até de forma carinhosa, a freguesia passou a chamá-lo de SUJINHO.

O boteco cresceu, hoje ocupa três das quatro esquinas da Maceió com a Consolação, e anos atrás os Antonios venderam a propriedade para os Afonsos – pai e filho, e o boteco, agora próspero e poderoso, assumiu a designação de... Grupo Sujinho! E que alguém tente mudar o nome. Definitivamente, não vai dar certo.

O agora Grupo Sujinho, com três esquinas, é uma máquina de fazer dinheiro, com total merecimento pela qualidade de sua carne, embora as instalações e os serviços sejam uma espécie de Sujinho Melhorado.

Enfim, um "case" que jamais nasceria a partir de um planejamento. Nasceu, expôs-se à sorte e à fortuna, deu certo, cresceu, prosperou, virou uma instituição. Uma espécie da exceção que justifica a regra.

Um dos famosos "cases" produto das circunstâncias. Pra terminar, um outro e curioso detalhe. Um folder meia boca que entregam na entrada para toda a clientela. Diz o folder: "Senhores clientes, não aceitamos nenhum tipo de cartão de crédito ou débito. Apenas dinheiro, Alelo Refeição, Sodexo Refeição e Cheque (Pessoa física e mediante consulta)".

E segue, dizendo o motivo: "Altas taxas cobradas pelas administradoras, aluguéis de máquinas, perda de capital de giro, etc... No caso de aceitarmos, teremos que repassar em nossos cardápios, prejudicando você, cliente. Não achamos justo! Pedimos sua compreensão". E assina, atenciosamente, isso mesmo... Grupo Sujinho!

Ou seja, de uma patetice supina, e a lamentável qualidade do folder, mais que dá consistência e legitimidade a denominação, Grupo Sujinho. Pior ainda, duas ou três vezes percebi que clientes não atentaram para o aviso e só tinham cartão de crédito. E os garçons fizeram cara feia, mas, aceitaram, ou seja, não é de verdade.

Sujinho tentando fazer charme... Constrangedor!
Parafraseando o que certa feita Antônio Carlos Brasileiro Jobim falou sobre o Brasil, O Sujinho é uma Merda, mas é Bom... E por isso, pela qualidade de sua carne, sobrevive e ganha muito dinheiro. Uma lição a ser analisada à exaustão por todos os malucos que alimentam o sonho de um dia ter um restaurante.

Quem sabe, considerem a denominação... Fedorento... Talvez e radicalizando, Pum Factory...

Pior que Riquelmes em profusão é a pandemia de siglas

Uma das maneiras mais fáceis de descobrir a idade de uma pessoa é pelo nome. Muito especialmente e desde que sejam daqueles nomes diferentes e que pontificam em determinados momentos, em função de algum acontecimento onde prevaleçam ou destaquem-se personalidades e celebridades, ainda que, repetindo, momentâneas.

Dentre as fontes inspiradoras de nomes para gerações e gerações de brasileiros nos últimos 50 anos, as novelas da Globo são imbatíveis. Calcula-se que hoje, 20% dos brasileiros, que nasceram nas últimas décadas, tenha, nomes de heróis e até mesmo vilões das novelas da Globo. No dia 14 de abril de 1974, estreou a novela Gabriela. No dia 31 de dezembro daquele ano Gabriela era o nome de milhares de meninas escolhido por pais e padrinhos. Só perdendo para Maria...

Nomes jamais considerados pelas famílias brasileiras, do dia para a noite, como que por milagre, passaram a batizar milhares de meninos e meninas em todo o país. Claro tinham a ver com o nome de um personagem marcante da novela das 6, 7 ou 9. O mesmo acontece com outras atividades que inspiram mães e pais.

Na Copinha São Paulo de 2020, e que reuniu times de todo o Brasil, uma profusão de Riquelmes. Doze jogadores de times de diferentes cidades com jogadores homenageando o craque argentino em seus nomes. Riquelmes procedentes de Minas, Ceará, São Paulo, Acre, Rio, Goiás, Amapá... Até o craque argentino jamais, qualquer brasileiro, fora batizado com esse nome.

Um dos 12 Riquelmes, entrevistado pela Folha, disse sobre a razão da escolha de seu nome: "Quando eu nasci, 2001, o Riquelme estava no auge da carreira dele. E foi o carrasco do Palmeiras. E como meu pai é corintiano...".

Definitivamente "naming" é uma ciência das mais desafiadoras. Pode facilitar tudo na vida de uma pessoa, ou converter-se num tremendo empecilho. Lembro a vocês uma história que já contamos de um taxista do ponto em frente ao MadiaMundoMarketing. Tinha um irmão gêmeo. Ao irmão deram o nome de Douglas, e a ele, Orofoncio.

O irmão, o Douglas, estudou medicina e hoje é médico de sucesso. Já o Orofoncio não era chamado pelo nome; e como lembrava fisicamente e muito o negociador de Fernando Collor e que teve um fim trágico, só era chamado de... PC. Morreu dias atrás na penúria.

E o que vale para pessoas, vale rigorosamente, e talvez mais, mesmo, para empresas, produtos e serviços. Assim, Naming, o primeiro, quando tudo começa, é um dos maiores desafios do Branding. Portanto, pelas chagas de Cristo, jamais entregue a alguém da família que tem jeito para a coisa, ou a qualquer engraçadinho, a semente original da única propriedade de sua empresa e produto. Sua denominação. A semente a partir da qual começa a brotar, ou, origina-se a marca.

Desgraçadamente, nos últimos 10 anos vivemos a mais trágica das pandemias deletérias no território do Branding. A Pandemia das Siglas. Marcas legendárias, espetaculares, foram trocadas estupida e burramente por siglas. A beatificada Beneficência Portuguesa virou BP. A inovadora e legendária Procter & Gamble virou P&G. A Bovespa, mais que consagrada, foi submetida a uma redução patética e virou B3. E a empresa parte da história dos negócios em nosso país, Votorantim, foi diminuída para BV... Mais que socorro, prendam os irresponsáveis...

É das missões mais desafiadoras criar-se uma denominação. Poucos conseguem. E dentre os que conseguiram e se notabilizaram, alguns deles decidiram, em momento de descontrole e loucura, ou entregar seus tesouros a ineptos, ou caíram, desgraçadamente, em tentação.

Se existir inferno todos eles têm um encontro marcado mais adiante.

BAD – Branding a Distância is Bad...

Sem a menor dúvida, e por maior que seja o retorno ao pré-Covid-19, o trabalho a distância é uma nova realidade. Mas não para tudo como muitas pessoas vêm imaginando.

Em boa parte das empresas um sistema híbrido que crescerá ou diminuirá de intensidade dependendo da característica do negócio. E em muitas empresas nada a distância, tudo continuará presencial. De qualquer maneira, jamais podemos nos esquecer dos fundamentos do trabalho a distância. Do básico para preservar a nossa marca, que construímos no correr de anos e décadas, através do trabalho presencial. Vamos repassar o básico...

1. Escolha do local. Por menor que seja sua casa ou apartamento sempre existe um espaço que é melhor que os demais. Esse é o lugar. Escolhido o lugar, melhore toda a iluminação, e na medida do possível, a acústica também, prevenindo interrupções e barulhos. Mais que recomendável assim que possível comprar uma câmera para seu notebook ou computador com um som de qualidade – 99% dos notebooks têm uma câmera básica e meia boca –, e também comprar um ou dois pequenos spots para melhorar a iluminação.

    Todo o cuidado com o fundo da imagem, com a parede atrás. Quanto mais neutra, melhor. E atenção total em relação a como você se coloca diante da câmera, como se enquadra, especialmen-

te e como coloca sua voz. Talvez você precise melhorar o seu tom de voz, a velocidade com que fala, e a forma como diz as palavras. Mais adiante, teremos treinamentos e cursos específicos e, como eram no passado as escolas de caligrafia, datilografia, serão as escolas de expressão/rosto/voz, escolas de "videografia".
2. Não é conectar o aplicativo, abrir a câmera e mandar ver, do jeito que você se encontra. Vista-se ou prepare-se para a reunião com muitos ou apenas com seus chefes com respeito e profissionalismo. Lembre-se de que a quase totalidade da atenção vai estar concentrada em seu rosto. Portanto, cabelos mais que penteados, e alguma maquiagem.
3. Cinco minutos antes de começar a reunião avise seus filhos, pais, vizinhos, cachorro e papagaio que você não pode em hipótese alguma ser interrompido. Não importa o que aconteça. E que em hipótese alguma – inadmissível – que pessoas passem por trás de você durante as reuniões.
4. Todo o começo de reunião proceda como se você estivesse se reencontrando com seus companheiros de trabalho. Nos primeiros cinco minutos, sorrir, dar bom-dia, perguntar sobre como andam as coisas e a vida, e contribuir para que se estabeleça um clima profissional, mas de muita cordialidade e simpatia. Lembre-se, a reunião começa de verdade lá pelo terceiro ou quarto minuto. E atrasar-se é pecado capital. Se você ainda tinha alguma desculpa do trânsito ou da condução, fim! Já ouvi meia dúzia de histórias em que pessoas acostumadas a dar a mesma desculpa dos velhos tempos, iniciavam atrasados a reunião a distância atribuindo a culpa ao trânsito... Quem sabe do banheiro para a sala... Ou o banheiro estava congestionado...
5. Reuniões a distância são reuniões com tempo marcado. E mais de 90% das reuniões a distância não ultrapassam uma hora. Reuniões de duas horas ou mais são insuportáveis e improdutivas. Assim, não existe espaço para enrolação. Direto ao ponto. Opiniões claras, precisas, objetivas. Idem em relação a propostas.

6. Assim como nas reuniões presenciais, fazer uma síntese no final de tudo o que foi decidido, repassar quem faz o que, agendar a próxima reunião, e um dos participantes encarregando-se de um pró-memória ou ata da reunião.

É isso, amigos, regras básicas sobre como preservar, e, se possível melhorar, uma marca chamada você, a sua Marca, agora em que não contamos mais, e na maioria das situações, com nosso corpo, movimentos, e aparência inteira, para nos ajudar. Para desespero dos bonitões e tristeza das decotadas... Assim, BAD – Branding a Distância e sem o chamado calor humano – calor de verdade – é um desafio a ser superado, um conhecimento a ser desenvolvido. Por isso, BAD...

Por último e não em último lugar, e sem contar com a ajuda de colônias ou perfumes, ou cheiros para deixarmos um rastro de nossa presença, uma despedida cordial, simpática, amiga, e que sempre termina com um gostoso, amplo e verdadeiro sorriso. Completo! Com a boca, com os olhos, e todo o rosto.

É o mínimo que se espera nas situações e negócios em que o TAD – Trabalho a distância, e o BAD – Branding a Distância, converterem-se numa nova e desafiadora realidade.

Panetone Bauducco

O primeiro é aquele que as pessoas reconhecem como primeiro. Ainda que, não tenha sido... E o melhor e sempre, o que as pessoas elegem como melhor... tudo o mais é decorrência.

Tanto quanto as árvores de natal, bolas, luzes, renas, Papai Noel, o panetone é o sinal, código, referência que remete, imediatamente ao Natal. De forma especial, em nosso país. Por culpa, mérito e obra de uma mesma empresa, a Bauducco.

Muitas são as histórias a respeito da origem do Panetone. Dentre todas, e pela graça da narrativa, a que ano após ano vai prevalecendo é a de que um dia, um padeiro, o Toni, funcionário da padaria Della Grazia na cidade de Milão, governada por Ludovico, O Mouro, entre 1452 e 1508, apaixonado pela filha de seu patrão, criou um doce para cair nas graças dele e inventou a iguaria. Que era pedida por todos os fregueses da padaria como o Pani de Toni.

Se essa dúvida resiste e persiste em termos globais, no Brasil não existe qualquer dúvida. Mesmo muitos alegando que anos antes algumas padarias já produziam uma iguaria semelhante, o fato é que o marco inicial da história do panetone em nosso país é o desembarque, no ano de 1948, do imigrante italiano Carlos Bauducco, trazendo em sua bagagem, cabeça e coração uma receita em que colocaria a responsabilidade do sustento de sua família. E sem o saber nem imaginar, das gerações seguintes.

Porém, essa preciosidade, também se encontrava adormecida dentro de Carlos, mesmo porque, sua missão em nosso país era outra... Carlos ao desembarcar era um representante comercial, originário da cidade de Turim. Veio cobrar uma dívida de um cafeicultor que importara uma máquina de torrefação de café. Conseguiu receber parte da dívida, apaixonou-se pela cidade de São Paulo, e nas comemorações de seu primeiro Natal por aqui reparou no pouco ou nenhum apreço que os brasileiros tinham pelo tal do "Pão do Toni...".

E aí a receita dormente despertou, decidiu ficar, e assim começa a história do mais forte, obrigatório e essencial produto do natal brasileiro. O Panetone. Não, não qualquer panetone. O Panetone Bauducco. Todos os demais, na cabeça e no coração da maioria dos brasileiros, mesmos os mais metidos, são contrafações grosseiras...

Terminados os Natais – todos – o aroma do Panetone Bauducco segue nos supermercados, lojas, e, casas brasileiras. É o perfume do Natal. Ou, se preferirem, o aroma do Natal e que ainda resiste até o final de janeiro.

Hoje, a Bauducco do representante comercial e imigrante Carlos, que nasceu em Turim em 1906, e partiu para sempre, imortalizado por sua obra monumental na cidade de São Paulo, em 1972, é uma empresa de R$ 3 bi de faturamento. Setenta anos depois é comandada por seu neto Massimo, tem seis mil funcionários e é, disparado, a maior fábrica de panetones de todo o mundo.

No correr dos próximos meses, e de suas três fábricas em Extrema (MG), Guarulhos (SP), e Maceió (AL), saem 75 milhões de panetones.

Grosso modo, 1 para cada 2,5 brasileiros. E hoje, além da marca Bauducco, comercializa também as marcas Visconti e Tommy.

Anos atrás, 2012, numa das reuniões da Academia Brasileira de Marketing, criação do MMM, e presidida por mim, o acadêmico Marcelo Cherto, comentou sobre um projeto que sua empresa vinha fazendo para a Bauducco. E que em poucos meses nasceria com uma primeira unidade na esquina da Haddock Lobo com a Lorena.

No primeiro dia os consultores da Madia foram conferir a novidade. Nascia a franquia CASAS BAUDUCCO. Hoje, quase 9 anos depois, são 80 lojas franqueadas, e segundo Massimo Bauducco, em entrevista ao Estadão, serão 400 nos próximos cinco anos.

Assim, e para sempre, Bauducco confirma o que dissemos ao começarmos este texto. **O primeiro é aquele que as pessoas reconhecem como primeiro, ainda que não tenha sido... E o melhor e sempre, o que as pessoas elegem como melhor...** Tudo o mais é decorrência.

Em todos os infinitos concursos que se fazia no Brasil para saber qual era o melhor panetone, e onde participam panetones de docerias gourmets, com ingredientes mais que sofisticados, determinando que um panetone de 1 quilo chegue a custar de 3 a 5 vezes mais do que custa o Bauducco, o Bauducco ganhava de goleada.

Decisão, o Bauducco não concorre mais. É hor concours. Converteu-se na referência, no paradigma, na fita métrica, na cabeça e no coração dos brasileiros. E quando um produto se converte em paradigma, em designação genérica de produto, torna-se imbatível, ascende à condição de Perennials, reina.

Isso posto, salvo acidentes de percurso ou imprevistos de última hora, Panetone, para a maioria dos brasileiros, em seus corações e mentes, na plenitude de suas capacidades olfativas, Panetone é Bauducco, todos os outros são simpáticas, inocentes e irrelevantes contrafacções.

Marcas próprias, velhas e abomináveis tentações

Não tem jeito. Não obstante toda a literatura e a prática da administração de empresas, do marketing e dos negócios, infinitas vezes tenha comprovado que o varejo cair em tentação e ter Marcas Próprias é uma imensa tolice e um atraso de vida monumental... Não tem jeito! As empresas não aprendem.

Ou você é varejista, trade comércio, ou você é indústria, máquinas, produtos. Procure fazer sempre mais e melhor, mergulhar cada vez mais fundo naquilo que é sua especialização, seu business. Mas, não tem jeito.

Assim, semanas atrás, com toda pompa e circunstância, e com o orgulho próprio dos medíocres, o Grupo Pão de Açúcar anunciou sua marca própria de cerveja. Uma bobagem batizada de Fábrica 1959, o ano em que nasceu o Pão de Açúcar, loja, comércio, varejo, jamais fábrica... E aí vem aquele monte de justificativas tentando explicar a bobagem e aplacar a justa ira dos verdadeiros especialistas na ciência e na arte de fabricar cervejas.

Em entrevista ao Valor, o diretor de marcas exclusivas do Grupo Pão de Açúcar declarou, "A cerveja é uma categoria muito importante para o grupo e lançar uma marca própria vai trazer diferenciação para nossas redes e ajudar na fidelização de consumidores..." e, percebendo que estava pisoteando em seus leais fornecedores, atenuou, "A intenção é aumentar o tamanho da categoria. O preço é um pouco mais baixo justamente para atrair novos consumidores. É um posicionamento complementar ao dos fabricantes".

Segue a vida. Parece que o comércio não conseguiu assimilar essa lição básica de que deveria concentrar-se e aperfeiçoar-se e exceder-se em seus propósitos específicos. E jamais considerar, mesmo em pensamento, concorrer com seus maiores aliados, seus fornecedores.

E assim, num mundo onde a moeda tempo é tudo, uma vez mais o Grupo Pão de Açúcar, Casino, perde tempo e energia com o que não tem nada a ver com seu business, e arruma encrenca e briga com seus parceiros e fornecedores.

Cleusa "Sodiê" a Cleusa que não é presentes... E que jamais considerou desistir

Poucas mulheres empresárias tiveram sua história contada em prosa e verso, nos últimos anos, como Cleusa Maria da Silva. Se vocês teclarem no Google seu nome, o buscador rei em frações de segundos registra 2.260.000 referências. Todas as das primeiras páginas do Google dizem respeito a ela. "De boia-fria a rainha dos bolos, fatura R$ 290 milhões", primeira busca a aparecer e em matéria do UOL. Na sequência vem o portal da Anamariabraga, Gazeta do Povo, Revista Claudia, Veja SP, IG, PME Estadão, e não para mais... Meses atrás foi entrevistada pelo portal da Veja, em vídeo, e mais adiante ocupou as duas páginas da seção Primeira Pessoa da revista.

E repetiu sua história de vida, emocionante e referencial, como a de milhares de pessoas, e onde a maioria fica pelo caminho, e os poucos como Cleusa que chegam lá têm o dever e a obrigação, ainda que isso resulte em benefício para o crescimento de seu negócio, de contar repetidamente para que inspire outras pessoas em situação semelhante.

Como milhões de brasileiros uma infância pobre e sofrida. Morava no Paraná com pai, mãe e mais nove irmãos. Um dia o pai morreu, a mãe foi demitida e a família foi morar na casa dos avós, na cidade de Salto.

Trabalhou nas lavouras de canas-de-açúcar durante quatro anos, cortando cana com as mãos e picada pelas abelhas. Um dia, uma tia pediu para a mãe deixar Cleusa ir com ela para São Paulo. Diante da recusa da mãe Cleusa ponderou "Mãe, não estou indo embora, apenas vou em busca de ajuda...".

Trabalhou como empregada doméstica em São Paulo, e mandava o salário para a mãe e a família. Fez supletivo à noite, concluiu o ensino fundamental, foi morar com um tio, arrumou emprego num escritório, mas teve que voltar para Salto. Foi trabalhar numa empresa, morre o dono, e vai ajudar a viúva. Viúva que vivia de fazer bolos para fora... Diz Cleusa, "Eu comecei a ajudar, e...".

Respira fundo, cria coragem, e abre uma primeira loja. Um dia um cliente fiel falou sobre franquia... E hoje Cleusa Maria da Silva, 55 anos, é dona de uma empresa que se aproxima dos R$ 300 milhões de faturamento, 300 lojas pelo Brasil e uma primeira na cidade de Orlando, Estados Unidos.

Difícil dizer qual foi o tipping point de Cleusa. Ou ponto de inflexão, ou momento em que a vida muda... Foram muitos. A morte do pai, a ida para Salto, o convite da tia para mudar-se para São Paulo, a morte do marido da patroa que fazia bolos... Mas tem um específico que em nosso entendimento, consultores da Madia, coroa melhor essa história de sucesso.

Conforme Cleusa contou para Gisela, do caderno Pequenas Empresas do Estadão... Diz Cleusa, "O negócio foi batizado inicialmente de Sensações Doces, mas todas as tentativas de registro do nome eram barradas por uma multinacional. Um dia descobri que essa multinacional era a Nestlé. E que obstava meu registro por causa do Chocolate Sensação... Fiquei quatro meses sem dormir... Um dia minha advogada e amiga me entrega um guardanapo de pano escrito Sodiê. Juntou o nome de meus dois filhos, Sofia e Diego. No mesmo dia o nome foi aprovado. Até hoje me emociono quando conto essa história...".

Uma encantadora história que merece ser contada sempre. Quanto à epifania do naming, raríssimas vezes caminhos como o encontrado pela Sodiê funcionam. Felizmente, Cleusa e seu negócio inserem-se no território das exceções que fortalecem a regra. Jamais brinque ou improvise com a denominação que você venha a dar ao que quer que seja. É para sempre...

Cleusa, a da Sodiê, Sofia e Diego, mais que merece! Fez por merecer. Jamais considerou jogar a toalha.

Lições circunstanciais de Branding por um cirurgião plástico

Na página 20 da revista Veja, edição de 12 de fevereiro de 2020, uma entrevista com um cirurgião plástico. De quem jamais ouvíramos falar, e de quem jamais pretendemos assistir seu reality na TV. Paul Nassif, do canal E!, programa especializado em mostrar as competências dele em refazer cirurgias plásticas que deram errado.

Mas, de qualquer maneira, traz algumas manifestações de sabedoria e sensibilidade, como Mother Mary falava na canção dos Beatles, "speaking words of wisdom... Let it be, let it be...", e absolutamente essenciais nos processos de Branding.

Por exemplo, Paul Nassif diz: "Diversas pessoas se submetem a uma cirurgia para agradar aos outros, e não a elas mesmas. No programa, é comum vermos também os viciados em plástica. Essas pessoas não são realistas, querem algo que não podem alcançar...".

Nós, consultores do MadiaMundoMarketing, temos participado do processo de Branding de mais de 3.000 marcas, incluindo as duas de maior valor do Brasil, e cansamos de ver profissionais recém-chegados nas empresas, e que em suas primeiras manifestações, recomendavam proceder mudanças ou, até mesmo, trocas de marca. Queriam porque queriam. Porque achavam, não dando a menor importância ao DNA, cultura, trajetória e propósito do business.

Muitas vezes, e quando como consultores registrávamos esse tipo de comportamento mal o profissional chegara à empresa e o CEO pedia nossa orientação se devia ou não mudar a marca, examinávamos os desempenhos anteriores desse profissional em outras empresas, e quase sempre, com poucas e honrosas exceções, o mesmo comportamento. Viam na mudança uma suposta oportunidade de demonstrarem competência e talento, e tudo o que conseguiram produzir, nas empresas anteriores, foram desastres monumentais, crimes e prejuízos irreparáveis, Brandicídios!

Segue Paul Nassif em sua entrevista à Veja, dizendo, "Quem busca uma plástica quer, no fundo, continuar sendo o mesmo, mas melhorado. Assim, o que percebo com frequência são pessoas com Transtorno Dismórfico – distúrbio mental que faz o paciente ver na própria aparência muitos possíveis defeitos, além daqueles que eventualmente tem".

Em verdade, quando uma empresa busca um retrofit ou atualização de uma marca, apenas procura garantir que o ótimo continue ótimo, atualizado. Não corrigir supostos e eventuais defeitos. Depois de décadas de sucesso, conhecimento e consagração, uma MARCA é o que é! Salvo raríssimas exceções e em casos terminais, deve se considerar sua mudança e redesenho. Excepcionalmente, sua designação, naming. E, por decorrência, percepção e leitura. Apenas, proceder-se a eventuais e mínimas atualizações, para conseguir-se alcançar, nos 2020, e provocar nas pessoas, semelhante sensação que provocava nos 1980, 1990, 2000, 2010... "OOOHHHHHHHH!!!!!!".

Paul Nassif fala também sobre penduricalhos. Todos nós nascemos com alguns penduricalhos em nossos rostos. Talvez o mais proeminente, para o bem ou para o mal, seja o nariz. Em segundo lugar, dissimuladas, as orelhas. E segundo Nassif, é onde se encontram os maiores riscos nas plásticas.

Diz Nassif, "Dentre as plásticas, a que tem maiores possibilidades de dar errado é a do nariz. Se o médico for ruim, uma pequena alteração no nariz poderá não cicatrizar bem e trazer um resultado insatisfatório. Narizes são difíceis, por isso são poucos os bons cirurgiões de rinoplastia. Já atendi pacientes que tinham passado por cirurgia há mais de dez anos e estava tudo bem. Mas o nariz pode mudar, entortar, ou a ponta cair, e, assim, precisar ser refeito...".

Os narizes das marcas são os penduricalhos. Adereços que empresários, profissionais, gestores de produtos e algumas empresas de design adoram colocar nas marcas. De simples e quase imperceptíveis detalhes, passando por guarda-chuvas, árvores, chapéus, estrelinhas, repolhos monumentais que escondem o naming – a designação –, e convertem-se em manifestações patéticas e constrangedoras.

Uma marca escondendo-se tendo a sua frente, atrás, ou sob, ou sobre um penduricalho. Aqui na MADIA, somos radicais e definitivos. Por décadas e séculos nenhuma empresa, independentemente de porte e especialização, deveria recorrer à muleta, ou a um penduricalho nariz, orelha, brinco, colar, piercing. Por mais discreto que venha a ser.

No processo de multiplicação ao infinito em escala monumental de sinais e códigos de comunicação presentes na nova economia, e exacerbados pelas diferentes plataformas digitais, pelo amor de Deus, empresas, restrinjam-se ao naming. Curto, simples, memorável, mais consoantes menos vogais, se possível duas sílabas no máximo, e jamais recorrer a consoantes fracas.

E desde a primeira vez, um naming escrito ou desenhado de forma limpa, elegante e única. Mais que possível! E capriche sempre no Positioning Statement – quanto mais corresponder ao propósito da empresa, maiores as chances de rápida memorização e sucesso. Just Do It!

Se alguma empresa de design vier propor a sua empresa um penduricalho em sua marca, chame a polícia, ou expulse com humilhação. Maria, José, Tereza, Tonico, Tião, Ana, Pedro, João, no máximo, Ricardo, Elisa, Sônia.

Namings simples, sonoros, memoráveis, gostosos de se falar, ver, ouvir, conviver... E pelos quais nos apaixonaremos. Repetimos, pedindo e tomando emprestado da Nike, Just Do It!

"Corona" é bom ou ruim?

Corona vem do latim corona. Corona, singular, Coronae, plural. Igual a... Coroa.

Por essa razão, algumas famílias, no correr de gerações, notabilizaram-se pelo sobrenome Corona. E empresas e produtos também se batizaram com essa palavra. Duchas Corona, por exemplo, com um dos jingles mais memoráveis da publicidade brasileira, do ano de 1973... lembram?

"Apanho o sabonete. Pego uma canção e vou cantando sorridente. Duchas Corona, um banho de alegria num mundo de água quente... Apanho o sabonete. Abro a torneira, de repente a gente sente. Duchas Corona, um banho de alegria num mundo de água quente... Apanho o sabonete. É Duchas Corona dando um banho em tanta gente. Duchas Corona, um banho de alegria num mundo de água quente".

O bordão pegou e muitas pessoas repetem até hoje: "Um banho de alegria num mundo de água quente...". No livro de Fábio Barbosa Dias, A história das músicas da propaganda e de seus criadores, está o registro: Relata Fábio, "Duchas Corona, 1973 – O músico Francis Monteiro compôs o clássico jingle das Duchas Corona em menos de cinco minutos. Era o primeiro que fazia e a empolgação, grande. José Luiz Nammur, o Zelão, diretor de criação da produtora Publisol, nem acreditou. A prova foi gravada e, na agência de publicidade, veio a recusa. A alegação era que o objetivo era vender chuveiro e não sabonete. Na hora os dois decidiram "bypassar" – pular a agência, e levaram direto ao cliente. Foi aprovada no ato".

E, como Corona remete a Coroa, muitas redes de hotéis pelo mundo adotaram a denominação. Dentre esses, no centrão da cidade de São Paulo, localiza-se o Hotel Gran Corona. O jornal O Globo, através de seu jornalista Eduardo Maia, foi conferir o efeito do Coronavírus no Gran Corona. E entrevistou o recepcionista Roberto Matos, que disse:

"Estranho muito o lobby vazio. É uma tristeza só. Trabalho aqui há 22 anos e nunca imaginei passar por isso. Nunca vi esse hotel vazio. De segunda a sexta, então, tinha lotação máxima". Gran Corona, o 3 estrelas próximo da Praça da República, pergunta-se, neste momento, e depois que a crise passar: trocar ou manter o naming?

As duas alternativas fazem sentido. Se trocar o nome, alguma reforma precisa ser feita no hotel para dar consistência ao motivo e narrativa da troca. Se permanecer com o nome, rapidamente improvisar algumas brincadeiras, para tirar toda a pressão do nome, e na linha, lembram, **Castigat Ridendo Mores**, brincando é que se supera as adversidades dos acontecimentos.

Já a pior situação é da Cerveja Corona... Desde 1925, de origem no México, e comprada em 2012 pela Anheuser-Busch InBev... Criada por Antonino Fernandez, que morreu em agosto de 2016, milionário pela Corona, e que distribuiu sua fortuna entre os herdeiros e 80 moradores do vilarejo Del Condado, na Espanha, onde cresceu e viveu boa parte de sua vida, antes de mudar-se para o México. Cada um dos 80 moradores da localidade recebeu aproximadamente, o equivalente a R$ 10 milhões em valores de hoje.

Em 2014, naqueles cálculos malucos e de certa forma ridículo que faz, a Interbrand avaliou a marca de cerveja Corona em US$ 4,5 bi. A Corona pontifica no Brasil com a moda lançada pela cerveja Sol por aqui, de adicionar-se uma fatia de limão... Nos jornais das últimas semanas algumas estimativas de que a cerveja Corona vai perder em faturamento alguma coisa como US$ 200 milhões...

Ou seja, se o hotel da Praça da República vai precisar de muita descontração, caso decida manter a marca Corona para resgatar seus clientes, a cerveja Corona terá que protagonizar milhões de piruetas e milagres... Já as Duchas Corona não têm do que se preocupar.

Suas duchas sempre trarão um banho de alegria num mundo de água quente... Coisas da vida. Às vezes, azar de goleiro; às vezes, sorte de artilheiro.

Próximo!

CAPÍTULO 5

DESAFIOS, AMEAÇAS, OPORTUNIDADES

Acredito que em nenhuma época falou-se tanto sobre o futuro, diante da disrupção, como hoje. Assim, recorremos ao mestre DRUCKER. E tudo o que aconteceu até agora em termos de "home office" tá mais pra "brincando de escritório" do que trabalho de verdade.

E nunca se falou em paz como nestes tempos de pandemia. A propósito, o GUIA DE SOBREVIVÊNCIA assinado por ALAIN DE BOTTON. Enquanto muitas pessoas deixaram de olhar no espelho e passam os dias apontando os dedos e as mãos para as demais pessoas.

Na paisagem de MANHATTAN, um prédio fino como um palito, assinado por um dos mais consagrados arquitetos da atualidade, que encanta os de fora, e ensandece os que moram dentro. PARK AVENUE 432. E depois de GRAMADO, a nova cidade que dá lições do que é preparar-se para o turismo é OLÍMPIA.

Aquela que seria, segundo Vinicius, "o túmulo do samba", realizou o maior Carnaval do Brasil. E, depois, coronavírus... Aviação Comercial – uma das três maiores vítimas da pandemia. Todas as empresas, sem exceção, precisarão da ajuda dos governos.

Hoje vamos falar sobre reconstruir futuro. Convocamos o mestre

Quando a gente falava em futuro no ano passado, estávamos falando daqui a uns 10 anos. Diante da coronacrise, futuro são meses. 8,10,12 no máximo. E quando se fala sobre futuro nada melhor do que se recorrer ao nosso – espero que seu também – adorado mestre e mentor Peter Drucker. Que estressou o tema em diferentes ensinamentos. Sobre o futuro, Drucker começou dizendo: "A melhor forma de prever o futuro é criá-lo". Seguramente seu ensinamento mais conhecido. E repetido à exaustão. Mas tem outros, tão bons ou melhores.

Separamos e trouxemos para este papo de ressaca do vírus, dentre centenas de manifestações sobre o tema, além da mais conhecida, as 8 que os consultores da Madia mais gostam e usam. E que de certa forma repetem-se se tornando quase redundantes. Mas, ouro puro, da melhor qualidade. Vamos lá.

1. "Tudo o que sabemos sobre o futuro é que não sabemos o que será. Sabemos apenas que será diferente do que existe agora e do que gostaríamos que fosse." Mega adequada a estes dias de coronavírus.
2. "Qualquer tentativa de basear as ações e os compromissos de hoje em predições de eventos futuros é fútil. Tudo o que temos a fazer é prever efeitos futuros de eventos que já aconteceram e são irrevogáveis." 10! É onde devemos nos concentrar nas próximas semanas e meses para quando o Coronavírus partir. Ou até mesmo continuar por aqui, mas dominado.
3. "Tentar fazer o futuro acontecer é arriscado; menos do que continuar a trajetória com a convicção de que nada vai mudar." Assim, e ao olhar pro futuro, Roberto e Erasmo: "Daqui pra frente, tudo vai ser diferente...".
4. "Construir o futuro não é decidir o que deve ser feito amanhã. É o que deve ser feito hoje para que exista o amanhã." Ainda que no breu e na escuridão, TODOS, mãos à obra. Quanto mais rápido

iniciarmos a construção do futuro mais nos aproximaremos do presente.
5. "Construir o futuro é descobrir e explorar a lacuna temporal entre o aparecimento de uma descontinuidade na economia e na sociedade. Isso se chama antecipar um futuro que já aconteceu. Ou impor ao futuro, que ainda não nasceu, uma nova ideia que tende a dar uma direção e um formato ao que está por vir. Isso chama-se... fazer o futuro acontecer!" Não nos resta outra alternativa. Em frente!
6. "O futuro que já aconteceu não se encontra no ambiente interno da empresa. Está no ambiente externo: uma mudança na sociedade, conhecimentos, cultura, setores ou estruturas econômicas." Isso é tudo. E é a partir dessa premissa que devemos olhar para frente. Tipo, amanhã.
7. "Quando uma previsão é amplamente aceita é bem provável que não seja uma previsão do futuro, mas um relatório do passado recente." É o que mais temos ouvido nestes meses de coronacrise. Pessoas que pensam falar sobre o futuro e, de verdade, estão apenas brincando de projetar o passado.
8. "Construir o futuro pressupõe coragem. E muito trabalho. E, ainda, fé. Aquela ideia certa e infalível é a que certamente vai falhar. A ideia sobre a qual vamos construir a empresa deve ser incerta. Ninguém poderá afirmar como será e quando se tornará realidade. Deve ser arriscada, ter probabilidade de sucesso e fracasso. Caso não seja nem incerta nem arriscada, simplesmente não é uma ideia." Todos mais que acordados.

E isso é tudo, amigos. E uma vez mais, e para sempre, obrigado, adorado mestre e mentor Peter Drucker.

Assim, depois de amanhã, no Day After Coronavírus, esquecer tudo o que vimos até aqui. E tentar desenvolver um novo olhar, sobre o que se apresenta. Até janeiro 2020, vínhamos no rescaldo final do furacão de estupidez, burrice e incompetência dos governantes de plantão, crise conjuntural, e nos reinventando diante do tsunami tecnológico. No final de fevereiro começou a Covid-19.

Portanto, quando "vem chegando o verão, calor no coração e todos de bundinha de fora", tudo a fazer é dar sequência a travessia do velho para o novo, agora considerando todos os aditivos e temperos decorrentes da coronacrise. Sem jamais perder de vista a orientação de nosso adorado mestre e mentor Peter Drucker, "Construir o futuro pressupõe coragem. E muito trabalho. E, ainda, fé. Aquela ideia certa e infalível é a que certamente vai falhar."

Reconstruindo...

Brincando de Escritório

Lembram, lá atrás, quando crianças, era comum o brincar de casinha. Agora, na pandemia, brinca-se de escritório. E aí, do dia para a noite, por imposição da coronacrise, parcela expressiva das empresas tiveram que rever compulsoriamente sua forma de trabalhar. Em todas, em menor ou maior percentagem, o trabalho a distância.

Foram suficientes poucos meses para que empresas e pessoas entendessem que sim, é possível o trabalho a distância, mas nem para todos os tipos de negócio, não necessariamente o tempo todo, e muito especialmente, sem uma metodologia adequada, pessoas treinadas, disciplina nova incorporada, e indução de uma nova e consistente cultura.

Tudo o que temos, por enquanto, são pessoas refugiadas em suas casas e, de forma improvisada, tentando fazer partes ou aspectos dos trabalhos que faziam presencialmente. Isso mesmo, brincando de escritório. Pior ainda, suas casas viraram um tumulto pela simples razão de que não estavam e nem estão dimensionadas para isso, não previram instalações para o trabalho a distância, e esse espaço da casa já estava ocupado pelas crianças, marido ou mulher, avó ou sogra, cachorro, periquito, tartaruga, gato, e muito mais.

Curto e grosso, e objetiva e sinceramente, a experiência compulsória do home office não passa de uma piada tosca, grosseira e de péssimo gosto. Uma gambiarra. Mas, no desespero, é o que nos restou. Isso mesmo, restou, restou de resto.

Home office é outra coisa. E aí algumas pesquisas toscas e superficiais afirmam que o home office está sendo aprovado por 80% dos gestores do país. De que home office estão falando? Dessa interrupção forçada?

Por enquanto, tudo não passa de uma brincadeira compulsória, e que vai ter um elevado custo para todos. Para as empresas, para os profissionais e, principalmente para todos nós, seres humanos... A transição de uma cultura presencial, para uma cultura a distância, implica em processo complexo de preparação, treinamento, infinitos exercícios e simulações, e à luz de uma situação de realidade, e não diante da emergência de uma pandemia.

Pronto socorro e hospital é uma coisa. Saúde, outra. Assim, e por enquanto, e em vez de brincarmos de casinha, brincamos de escritório.

E mais, algumas práticas presenciais são absolutamente impossíveis de acontecerem a distância. A qualidade da comunicação, a integração de corpos, corações e mentes, pura e simplesmente não acontece na frieza da infinita distância. Perde-se, sendo otimista e por baixo, mais de 50% da concentração e da eficácia. Pior ainda, tudo isso batizado com a mais equivocada dentre todas as denominações, Live.

Se Live é isso, estamos todos mortos e nos esquecemos de avisar. Mas tem quem goste. Abraços e beijos virtuais, champagne seca, bolos simbólicos, brigadeiro de plástico, sexo a distância.

E, no fundo musical, sai Aznavour cantando "Dance in the Old Fashioned Way", e entra um simpático, insípido e inodoro robô com "Dancing in the New Shit and Bad Way". Tô fora!

Ia esquecendo, o bolo é simbólico e meramente decorativo. É de isopor... Não engorda! Oba! Tô mais fora, ainda! O mundo mudou-se para o cemitério...

Não se desesperem. Mais algumas semanas, antes do início de 2022 todos "Cheek to Cheek", lembram:

> Heaven, I'm in heaven,
> And my heart beats so that I can hardly speak
> And I seem to find the happiness I seek
> When we're out together, dancing cheek to cheek...

A paz

Sim, mais que concordamos que em momentos como o que estamos vivendo, nessa pandemia em que mergulhamos, uma parte de nosso tempo deveria ser reservada, se conseguíssemos, para reflexões de ordem pessoal.

Na realidade, e mesmo que esse não fosse nosso desejo, muitas vezes nas últimas semanas nos descobrimos pensando e refletindo sobre... E simultaneamente, claro, rascunhando e definindo o plano para a volta. O momento em que retomaremos a jornada para conseguirmos, no espaço de tempo mais curto possível, resgatar a sustentabilidade de nossas empresas e negócios. Claro, se sobrevivermos. Para as e os demais, paz.

No território da reflexão pessoal, naqueles momentos em que sentamos no sofá para respirar, ou quando nos deitamos e a cabeça não para de funcionar, uma boa recomendação é recorrermos à reflexão de um dos mais importantes escritores e filósofos dos tempos modernos, Alain de Botton.

Suíço de Zurique, 1969, residente na cidade de Londres, hoje, e ao lado de Harari, um dos escritores que vem conseguindo tornar acessível temas relevantes e que deveriam ser do conhecimento de todos; acima de tudo, pela acessibilidade na e da linguagem.

De família originária da vila castelhana de Botton, na Península Ibérica, hoje desabitada, e que nos anos de 1392, estabeleceu-se na cidade de Alexandria. Onde nasceu séculos depois, Gilbert de Botton, pai do Alain, investidor e colecionador de artes.

Alain viveu até os oito anos na Suíça, domina o francês e o alemão, e aperfeiçoou seu inglês no colégio na cidade de Harrow. Depois se mudou para Londres, acompanhando a família aos 12 anos de idade, e onde se encontra até hoje.

Agora, os conselhos de Alain de Botton, para tempos de dor e angústias decorrentes de uma eventual calma que antecede o enfrentamento das consequências das tragédias, exatamente o que começamos a viver agora enquanto esperamos pelo fim da pandemia.

Alain de Botton diz que "Estar confinado é um ótimo estímulo para pensar". E cria uma espécie de undecágono, ou undecalátero, polígono de 11 lados, para o que chamaria de: Guia de Sobrevivência em Tempos de Pandemia.

1. Aceitar – Somos improváveis e frágeis. Nunca fomos nem seremos mestres das circunstâncias.
2. Admitir – A impotência de nossos poderosos cérebros, humilhação infringida a nós pela natureza, a vulnerabilidade aos absurdos da vida.
3. Deixar Ir – Os ideais de perfeição; vidas e trajetórias perfeitas.
4. Sem Perseguição – Nada disso foi feito com a gente em mente. Não fomos escolhidos.
5. Amar – Fazer amizades em torno da vulnerabilidade mútua.
6. Servir – Sentir alívio por ser tão mais rico, amar do que ser amado e quão mais gratificante é servir que ser servido.
7. Pessimismo – Obtenha paz não esperando o melhor, mas analisando o pior e se vendo bem nesse cenário. Tire o horror de suas dimensões conhecidas.
8. Apreciar – Canto dos pássaros, desenhos de menores de sete anos, e lembranças de praias e abraços.
9. Rir – Insista num humor desafiador a caminho da forca.
10. Autoperdão – É normal ser alienado na maioria das vezes.
11. Pequenos Prazeres – Um dia de cada vez, com prazeres modestos: flores, chocolate e banhos quentes...

Se você dispuser de algum tempo, e quiser ampliar a reflexão, agregue mais e muitos lados a esse polígono, que nos ajuda a refletir sobre nós mesmo em tempos de coronavírus.

Confesso a vocês que esse tipo de pensamento ou atitude não se inserem exatamente no que consideramos essencial, mas como a maior, ou, boa parte das pessoas gosta e acredita, decidimos trazer essas reflexões para compartilhar, nestes dias de sombras e indefinições...

Vamos nos respeitar

Hoje, vamos conversar sobre o comportamento das pessoas durante a pandemia, e uma canção emblemática, do rapper e compositor Flávio Renegado. "Sei quem tá comigo".

Antes de qualquer outra consideração, e para não cairmos na discussão medíocre dos últimos meses, se todos tivessem obedecido à ordem e seguido literalmente o que algumas autoridades determinaram: "fique em casa!", todos, sem exceção, já estaríamos mortos. Portanto, não percamos tempo na discussão desse trote macabro que alguns políticos inconsequentes tentaram jogar em nossas costas e responsabilidade. Ainda bem que pessoas conscientes e determinadas, profissionais de valor, foram à luta possibilitando que muitos pudessem permanecer em suas casas. A todos esses profissionais, muito obrigado, vocês salvaram milhões de vidas.

Independentemente de tudo o que estamos vivendo, do medo que em maiores ou menores proporções tomou conta das pessoas, – mais que compreensível, as pessoas têm medo – o fato é que muitos, sob a justificativa de que eram grupo de risco, recolheram-se e, com a maior tranquilidade, optaram pela sombra. Sem problemas, decisão pessoal, vamos respeitar.

Mas alguns deles, além de permanecerem em suas casas, passaram a massacrar os que se arriscaram, foram para a linha de frente, para manter a vida minimamente em funcionamento. Se todos tivessem a mesma atitude dos que se recolheram, tudo teria parado, a começar pela saúde. Não existe grupo de risco maior do que os profissionais da saúde. O fato é que as pessoas se revelaram durante a pandemia, mesmo concedendo-se todos os descontos pela excepcionalidade do momento. Sem culpas, repito, as pessoas são como são e assim têm que ser respeitadas.

Já comentamos com vocês sobre alguns dos termos que foram brotando no correr da pandemia. Como "bom para viagem", aqueles pratos deliciosos de bons restaurantes e que segundo os donos desses restaurantes resistiam bem numa embalagem de papelão ou alumínio para viagem. Da mesma maneira como um aplicativo relativamente desconhecido ocupou a cena, e milhões de pessoas passaram a dar um zoom. E nunca se usou e desgastou tanto a palavra gratidão...

Mas foi exatamente lá pelo meio da pandemia, que uma música foi ocupando espaço, tomando conta, e passou a ser uma espécie de hino. De todos os que se recusaram, por natureza ou necessidade a entregar os pontos, e foram à luta. Possibilitando que muitos mesmo de suas casas continuassem a receber seu dinheirinho no final do mês, e ainda dando-

-se ao luxo de criticar os que se ralavam para preservá-los confinados. E que não faltasse comida nas mesas, remédios nas farmácias, camas nos hospitais, lixos sendo recolhidos... Essa música pontificou numa das chamadas lives, de um cantor e compositor que muitos conheceram apenas agora, música essa que por sinal já tem alguns anos. E que acabou se convertendo num dos hinos da Pandemia. O compositor e cantor é Flávio Renegado, e participou de forma brilhante de uma das lives de Elza Soares. A música é "Sei quem tá comigo".

> Sei quem é amigo,
> Sei quem é inimigo;
> Sei quem vai correr,
> quem vai fica comigo,
> E na hora do perigo,
> Quando a casa cai,
> Us guerreiro fica,
> Us "comédia" sai
> Us guerreiros fica,
> Us "comédia" sai...

Todos pensando e refletindo, e parando de atirar pedra nos que conseguiram reunir força e coragem para irem à luta. Possibilitando, repetimos e reiteramos, que a vida não fosse suspensa... E, em sua totalidade... Morta. Que não morrêssemos todos...

Por favor, vamos nos respeitar. Cada um com suas fraquezas, cada um com suas forças, mas todos se respeitando.

Park Avenue 432

Durante as últimas 20 décadas – 200 anos – Nova York foi se constituindo no maior e mais importante museu de arquitetura moderna a céu aberto do mundo. De cada 100 manifestações relevantes da arquitetura, no mínimo 20 encontram-se naquela cidade.

As pessoas que iam regularmente a New York City, reclamavam da falta de novidade em termos de arquitetura. Uma reclamação improcedente porque a cada cinco anos eclode o resgate de alguma área, a revocação de outra, e dezenas de novas edificações emblemáticas ocupam a paisagem do dia para a noite.

Mas a chegada de uma ousadia da arquitetura era mais que aguardada no mês de dezembro de 2015. Construído no mesmo terreno onde um dia reinou o Drake Hotel, construção de 1926, a cidade ganhava seu mais novo, ilustre, e instigante habitante, o, segundo a propaganda, Edifício Residencial mais alto da América, o 432 Park Avenue, a poucos metros do Central Park, e com apartamentos que começavam nos US$10 milhões. Se fosse no Brasil o edifício gigantesco – fino e comprido – seria apelidado de linguiça ou palito. Lá virou "dedo do meio", por situar-se, na vista e na paisagem, exatamente entre dois edifícios.

Um dia, nosso saudoso e querido amigo Rubão – Rubens Carvalho – diretor comercial do SBT, convidou alguns consultores da Madia para conhecer a nova torre restaurante, e onde um dia, no bairro do Sumaré, vivia a falecida TV Tupi. Fomos ao almoço estreia e degustação com meia dúzia de outros amigos. A torre tremia. Quase não conseguimos terminar o almoço. Volta e meia alguém levantava para ir ao banheiro.

Quando olhamos pela primeira vez para o 432 Park Avenue, com seus 427 metros de altura, formato palito, fevereiro de 2016, dez da noite, voltando do Birdland da Rua 44, onde fomos ouvir o John Pizzarelli, disse para a Katinha, caminhando pela quinta avenida, "deve tremer o tempo todo." Hoje, anos depois, converteu-se no inferno na torre.

O arquiteto uruguaio Rafael Viñoly e a The Macklowe Organization passaram a frequentar os tribunais para explicar e responder os compradores que se manifestam indignados com tanta barbeiragem... Querendo indenizações e dinheiro de volta.

Num blog de arquitetura, a descrição da obra: "Dentro de nove mil metros quadrados de área estão os noventa e seis andares e as cento e quinze unidades de apartamentos. A planta baixa padrão, quadrada, desenvolve uma volumetria esbelta, de silhueta, reta que chega a quatrocentos e vinte e cinco metros de altura. As fachadas têm linhas limpas, com paredes e janelas gigantescas próprias da contemporaneidade... O novo símbolo de riqueza e ostentação nova-iorquino...".

Em matéria no New York Times, assinada por Stefanos Chen, o depoimento de alguns compradores e residentes da torre que não para de tremer... "Eu estava convencida de que seria o melhor prédio de Nova York... eles continuam vendendo isso como um presente de Deus para o mundo, mas, acho mesmo que é obra do diabo...", Sarina Abramovich. Ou seja, amigos, e repetindo, inovar sempre, ultrapassar os limites dos riscos, jamais. O impossível continua sendo impossível.

Hoje, o 432 Park Avenue é um mar de vazamentos, elevadores que não funcionam, e moradores que não conseguem dormir. Segundo esses moradores, "as paredes rangem o tempo todo como se fossem a cozinha de um navio...". O 432 Park Avenue é uma versão moderna de um Titanic que flutua e balança no horizonte de New York City. De quem olha do sul da ilha em direção ao Central Park... Alguns dos proprietários e que moram no 432 Park Avenue ainda contam sobre moradores antigos do Drake Hotel, onde se encontra hoje a "Torre do Inferno", e que volta e meia aparecem pelos corredores... Frank Sinatra, Judy Garland, Jimi Hendrix. Dentre outros, também, Led Zeppelin que deixou US$ 203 mil no cofre do hotel, em minutos roubados, e jamais encontrados...

Bonito é, mas...

Olímpia, serendipismo e epifania

A vida de todos nós se sujeita e se expõe, permanente, feliz ou não e inexoravelmente, a serendipismos e epifanias.

Serendipismo é quando você escorrega numa casca de banana e cai bem em frente à lotérica. Diz um palavrão, manda, mentalmente, o irresponsável que jogou a casca ao pior dos lugares, e paga o mico. Depois de se levantar recobra a razão e acredita tratar-se de um sinal. Entra na casa lotérica, compra um bilhete e ganha. Isso é serendipismo. Já o ganhar é uma epifania, um acontecimento, festa, felicidade, celebração!

As circunstâncias levam você a protagonizar o que jamais planejou. E, ao fazer, tudo dá certo e você vive uma epifania.

Sonia Teixeira, querida companheira do MMM, que cuidou anos do capital humano nosso e de nossos clientes, nasceu na cidade de Olímpia. Quando saiu de Olímpia, anos 1970, a cidade registrava próximo de 40 mil habitantes. Quase 50 anos depois continua por aí. Um pouco mais. Arredondando, 54 mil habitantes. Mas, e apenas no mês de janeiro de 2020, recebeu 500 mil visitantes, e no correr do ano, receberia mais de 2 milhões não fosse a pandemia. Quase a metade de turistas que recebem a cidade do Rio de Janeiro – turismo de passeio, e São Paulo – turismo de negócio.

Foi assim. Um dia a Petrobras encasquetou que sob o solo da cidade existia petróleo. Errado! Depois da perfuração tudo o que encontrou foi água quente. Água a 38 graus. Como a Petrobras é Petrobras e não Águabras deu as costas, fechou o buraco e foi perfurar em outra freguesia.

Onde a Petrobras viu água quente, outros empreendedores enxergaram ouro. E viveram uma espécie de serendipismo e celebraram uma epifania. Transformaram água não em petróleo, em ouro, em dinheiro, mesmo. Monetizaram a água.

Em 1987, aquela água quente que não interessava a quem procurava petróleo converteu-se nos Thermas dos Laranjais. O resto é história. 2 milhões de visitantes por ano. Em 1987, zero leitos para hóspedes. 2010, 3 mil leitos. 2020, 25 mil leitos. 2025, e já em construção, 35 mil leitos. 6 resorts, 22 hotéis, 55 pousadas, 2 hotéis-fazenda. Quase 1.000 casas para temporada. É possível converter água quente em ouro. Se for bem quente...

Serendipismo e epifania, de mãos dadas sempre. Precisa acreditar e perseverar. E ficar de olhos abertos, lembram-se do cavalo selado oportunidade que passa poucas vezes diante de nós?

Se não tivermos atentos e nos revelarmos sensíveis, só nos restará o que nos recomendou Milton Berle... "Se a oportunidade não bater, construa uma porta...".

O maior Carnaval do Brasil... Pra tudo terminar na quarta-feira mesmo

O maior carnaval do Brasil... Pra tudo terminar na quarta–feira, mesmo!

Tom e Vinicius cantavam, "Tristeza não tem fim, felicidade sim... pra tudo se acabar na quarta-feira". Era assim, não é mais, não acaba mais na quarta, avança para uma ou duas semanas depois da quarta-feira de cinzas. E assim foi no Carnaval de 2020.

O maior carnaval de todos os tempos da cidade de São Paulo, o da última semana de fevereiro de 2020, recorde absoluto de público e blocos, entrou para a história, na visão de muitos, e também, e agora se sabe, como o epicentro da crise do Coronavírus. Onde começou a eclodir a contaminação. "Ô balancê, balancê..."

Sem saber, sem querer, sem planejamento de qualquer espécie, a cidade de São Paulo converteu-se, hoje com enorme vantagem, no maior carnaval do Brasil. Não dissemos MELHOR; e, sim, MAIOR. E não vemos no horizonte qualquer outra cidade capaz de arrebatar essa conquista de São Paulo.

O último Carnaval da década de 2010 – para os que seguem os fundamentos e acreditam que 2020 foi o último ano da década –, Ou o primeiro Carnaval da nova década, dos 2020 – para os que acreditam que a década começa agora e no zero – consagrou definitivamente a cidade de São Paulo como aquela que teve e continuará tendo, e agora que decolou, o maior carnaval do Brasil.

Tudo a ver com as migrações de décadas, com as concentrações populacionais nas grandes metrópoles do mundo, com a multiplicação de tribos num mesmo espaço, que devidamente consolidadas, com plataformas de comunicação que as preservam conectadas 24x24, da troca de ideias e pensamentos, blocos foram emergindo de todas as frestas, buracos, vilas, vielas, travessas, bairros da cidade e, simultaneamente, pelo digital, mais e muitos blocos multiplicando-se por diferentes afinidades.

E deu no que deu. Sem planejamento e, naturalmente, em 20 anos o túmulo do Samba, como um dia brincou Vinicius, do zero e do tédio virou uma explosão. De alegria, felicidade, bagunça, sujeira, alegria, sexo, rock´n´roll e todos os demais ritmos. Foi assim. E agora é. Ou era, até meses atrás. Será?

Solitários e isolados membros de tribos que em suas cidades não passavam de meia dúzia, pegam carro, trem, avião, e vêm integrar suas tribos em outras bases, números e dimensões. E a cidade de São Paulo converte-se, durante a semana do Carnaval, no maior mosaico de cores, crenças, preferências e comportamentos de todo o Brasil, e talvez, uma das três mais completas manifestações já e agora, e em todo o mundo.

Os números são superlativos. De meia dúzia de blocos 20 anos atrás para 464 em 2019 e 796 que protagonizam 861 desfiles no pandêmico 2020. Difícil alguém com alguma preferência específica sob qualquer ângulo e aspecto não encontrar seu bloco, sua turma, sua tribo. De dezenas de milhares de 20 anos atrás para 15 milhões de pessoas, gastando, na soma de todos os dias, R$ 2,6 bilhões.

É isso, amigos. Agora, a ex-terra da garoa, ex-túmulo do samba, sem querer e muito menos planejar, converteu-se no maior e mais completo Carnaval do Brasil. E pelos números, e sem medo de errar, no Maior Carnaval do Mundo. E com esse reconhecimento e repercussão, em todos os anos desta nova década crescendo ainda mais e atraindo turistas de todas as regiões da Terra. Claro, depois de dar um chega pra lá definitivo no vírus.

Ou seja, perigava o Carnaval espontâneo e natural de São Paulo, converter-se no magneto que estava faltando para a decolagem do turismo de passeio na cidade. Uma cidade que viveu todos os últimos 50 anos do chamado turismo de negócios. E aí, terminado o Carnaval, começaram e já pararam os planos face a pandemia.

Talvez, mais que na hora dos gestores da cidade e do estado começarem a planejar o como transformar essa circunstância que brotou espontaneamente, a de São Paulo, o Maior Carnaval do Mundo, em um atrativo permanente para a cidade, muito especialmente para os mais de 40 finais de semana onde os hotéis permanecem às moscas.

Como aprendemos e é mais que comprovado pela história e vida, cavalo selado só passa uma única vez, ou cavalo dado não se olha os dentes, ou o olho do dono é que engorda o cavalo, ou quem nasceu pra burro não chega a cavalo, ou cavalo bom e homem valente a gente só conhece na chegada, ou o cavalo é para o homem como as asas para um pássaro, ou enquanto houver cavalo São Jorge não andará a pé... Enfim, escolha o ditado que quiser, mas mais que na hora, pensavam muitos, das autoridades do turismo da cidade de São Paulo pegarem uma carona nesse cavalo selado que apareceu e que se chama Carnaval, e finalmente trazerem para a cidade e o estado o turismo de passeio, alegria, diversão. Todas as semanas no ano, e não apenas e tão somente, em uma única semana. Cidade e hotéis lotados nos finais de semana, também...

Mas, dias depois, e a propósito do maior Carnaval do mundo... Coronavírus... Repetindo, segundo muitos, o lugar ideal e sonhado por um tal de Covid-19. Onde deitou e rolou. O maior Carnaval do mundo nunca mais será o mesmo. Por dois ou três anos. Mas depois... Sai da frente!

Aves e pássaros feitos para voar

Não conheço um único setor de atividade que não tenha sido afetado pela coronacrise. Noventa por cento, direta e imediatamente, começando a contar os prejuízos já no primeiro e segundo dia, no máximo, a partir da segunda semana. E 10%, nos dois ou três primeiros meses, vendo suas vendas ou se manterem ou crescerem de forma consistente, mas que, em algum momento, com a debilidade de empresas e pessoas, com a falta de dinheiro, todos, sem exceção, 100%, contabilizando prejuízos. Maiores ou menores, mas todos, repito, sem exceção.

E ainda, infelizmente, muitos negócios estão definitivamente mortos, mas seus empresários não se deram conta ou sabem, mas fingem não acreditar. Raríssimos aviões nos ares, maioria das frotas parada e em terra. E nada mais devastador para uma empresa aérea que aviões no solo.

A verdade definitiva do business da aviação comercial é: a melhor empresa aérea é aquela que consegue manter seus aviões por mais tempo no ar. Aviões, como costuma-se dizer, são pássaros de aço que só são economicamente viáveis quanto mais tempo permaneçam nos ares. Feitos para voar!

Uma das empresas mais emblemáticas da história da aviação comercial, a Southwest Airlines, que completou 50 anos neste ano de 2021 e sem jamais saber o que é prejuízo em seus primeiros 49 balanços, que só tem aviões da Boeing em sua frota num total de 719, mais 260 encomendas, sendo: 511 737-700; 208 737-800; 930 737 Max proibidos de voar e concentra parcela expressiva de seus treinamentos em preparar a equipe de terra dos aeroportos para baterem recordes sobre recordes em "virarem seus aviões". Isso significava o quê? Fazer com que a cada aterrissagem, o tempo de permanência no solo para desembarque de malas e passageiros, limpeza e reabastecimento, e embarque de passageiros e malas seja o menor possível.

Em muitos voos, para fazer tudo isso, dado a excelência de sua equipe, conseguia virar a maior parte de seus aviões em 15 minutos... Contra, no mínimo, 20 das demais empresas aéreas bem preparadas. E, de repente, os aviões, quase todos, parados.

Assim, hoje, os resultados, quem sabe mesmo a viabilidade das empresas aéreas, fortemente comprometidos por no mínimo 5 anos, e no elo anterior da cadeia de negócios da aviação comercial, por decorrência, crise semelhante.

Aeroportos às moscas. E os que pagaram fortunas para terem acesso privilegiado ao forte tráfego dos passageiros, turistas e profissionais de elevado poder aquisitivo, também tendo que fechar suas lojas pela falta absoluta e total de passageiros.

Conclusão, em todo o mundo, os lojistas começam a exigir das gestoras e concessionárias de aeroportos a renegociação das condições de aluguel. E, enquanto os voos não forem retomados na plenitude, aluguel, se possível, zero. E isso, claro, batendo forte no Brasil.

Antes dessa crise algumas concessionárias de aeroportos conseguiram renegociar seus contratos com a ANAC – Agência Nacional de Aviação Civil. Fatalmente, terão que renegociar de novo. E agora para valer!

E sempre vale a pena lembrar que um dos dois maiores fabricantes de aviões do mundo, a Boeing, encontra-se na maior crise de toda a sua história, com o fracasso monumental do Boeing 737 Max pela sua total e absoluta falta de segurança, e que acabou determinando uma epidemia de desconfiança das empresas e de seus clientes em todo o mundo.

Assim, pela mega crise que já vinha carregando, o business da aviação comercial precisará ser reinventado em todo o mundo.

Repetindo, aviões e pássaros foram feitos para voar. E estacionados no solo, aviões e pássaros, no mínimo, causam estranheza...

CAPÍTULO 6

COISAS DOS BRASIL

Dentre todas as reformas, a primeira que este ou o próximo governo deveriam cuidar é da administrativa, também conhecida como reforma do Estado. Sem sabermos o tamanho que pretendemos ter e os recursos necessários, quase impossível proceder-se às demais reformas. E, finalmente, as pessoas começam a descobrir e entender onde brotam e nascem os empregos.

No ranking das maiores barbeiragens cometidas pelo Brasil na pandemia, comunicação medíocre foi a maior de todas. Já no tocante aos artigos que as pessoas mais sentiram falta, em primeiríssimo lugar... abraços!

GENOMMA, uma indústria farmacêutica atípica, ou inusitada, para dizer-se o mínimo. E, talvez, a maior dentre todas as secas na economia tenha sido a da "caixinha". Quase ninguém mais dá gorjeta para o que quer que seja.

Duas referências espetaculares e octogenárias: COSTANZA PASCOLATO e TARCÍSIO MEIRA. Na última rodada da pesquisa mais importante sobre MARCA DE PAÍSES, e dentre 73, o BRASIL aparece na 28º posição. É número 1 apenas no quesito ACOLHIMENTO.

A mãe de todas as reformas

Conforme mais que previsto, a maior das resistências dentre as reformas urgentes, necessárias, e sem as quais o Brasil não consegue se desgrudar do pântano da ineficiência e da burocracia, aconteceria quando se começasse a questionar e tentar mexer com os tais privilégios. A Chamada Reforma Administrativa. Mas aí veio a Covid-19...

Sob todos os aspectos, a reforma das reformas, a mãe de todas as reformas, porque procura derreter o chamado Estado velho e começa a semear um novo Estado. Tenta corrigir radicalmente a causa principal da tragédia econômica do Brasil. Para que em 2040, num prazo de mais ou menos 20 anos, tenhamos um Estado moderno. Grosso modo, um singelo e eficaz aplicativo em substituição à massa descomunal de burocracia e funcionários públicos.

Em síntese, de forma direta e objetiva, e chutando na canela. Sem a Reforma Administrativa, Todas as Demais Reformas Perdem o Valor e Esvaziam-se. Todas! A Começar pela Previdenciária já Realizada, E a Tributária, a Caminho. E as Demais.

Todos os envolvidos e principais afetados na Reforma Administrativa, o contingente que consome a maior parte do que o Estado arrecada, tem o poder direto e indireto de bloquear, pelo tempo que julgar necessário a tramitação da reforma. Todos os funcionários públicos dos governos municipais, estaduais e federal, e dentre os quais ainda existem corporações específicas como a Justiça e os Militares. Mais os políticos em cargos eletivos e que também são funcionários públicos. Sentiram a dimensão da resistência?

As primeiras tentativas de se dar início à reforma mostra a dimensão da resistência. Os pontos principais foram minados pelas diferentes lideranças desses servidores. Por exemplo, uma dessas lideranças, a dos procuradores da República, que tem no procurador geral da República, Augusto Aras, em suas palavras já deixou claro que defende a manutenção das férias de 60 dias para procuradores e promotores do Ministério Público.

Qual o argumento usado por Augusto Aras? "A carga de trabalho dos membros do Ministério Público é desumana. Procuradores e promotores têm que atender aos jurisdicionados e seus advogados pessoalmente, em qualquer dia e hora, inclusive levando trabalho para casa, a fim de cumprir prazos e metas aos sábados, domingos e feriados...". Confesso que quase choramos... Parece que esse procurador geral mora na Suíça ou na Dinamarca. Ignora os milhões de desempregados, e ainda os empregados que hoje praticamente trabalham 24 x 24.

A vida não está fácil para ninguém. Nós, brasileiros, nos omitimos enquanto políticos irresponsáveis foram inchando em quantidade, e em privilégios o funcionalismo público do país em todas as esferas e dimensões, e hoje, ou o Brasil moderniza-se e traz seu Estado para a realidade, ou o Estado brasileiro literalmente engole e acaba com todo o Brasil.

Não dá para fazer a reforma administrativa do dia para a noite, em um ano, nem em cinco anos. Mas precisamos começar agora, ter bastante claro o Estado que queremos ser e ter, e caminharmos, concessão zero, nessa direção. Ou seja, o Estado brasileiro tal como é está condenado à morte, ou a nos matar a todos por asfixia.

Superada a pandemia, e se possível de forma acelerada, o processo de ir esvaziando o monstro, de tal forma que em 10 anos, seja, no máximo, 40% do que é hoje, e em 20, 5%. E é o que temos de fazer. Não existem segundas ou terceiras alternativas. Ou esvaziamos o ESTADO, ou estamos nos condenando, nós e nossos descendentes, à fome, à miséria, à destruição.

Diante de tudo o que foi dito, reafirmo que só nos restam duas alternativas: ou vamos fazer a reforma administrativa ou vamos fazer a reforma administrativa. Todos arregaçando as mangas! Se o Brasil nascesse hoje seria uma startup, e o Estado brasileiro, um singelo e eficaz aplicativo. Mas nascemos há 522 anos e ficamos contemplando e desfrutando a natureza...

Chegou a hora de trabalhar, trabalhar duro, sem essas conversas de dois meses de férias, certo, Aras...?!!!

Silêncio...

As tais – e devastadoras – fotografias

Temos dúvidas e convivemos com diferentes respostas e versões sobre diferentes fatos em nossas vidas. Muitas dessas dúvidas, que se revelam permanentemente em nossas cabeças, jamais encontrarão respostas. Seguramente, a gênese e origem da economia não faz parte dessas dúvidas.

Todos, com um mínimo de inteligência e juízo, sabem onde tudo começa. Não convivemos com qualquer dúvida tautológica, tipo "quem nasceu primeiro, o ovo ou a galinha", ou como a agência de propaganda Proeme criou e dizia na publicidade, "Tostines vende mais porque é fresquinho, ou é fresquinho porque vende mais?".

No tocante à economia, mesmo as pessoas de pouca escolaridade e entendimento sabem onde tudo começa, sabem qual é a gênese. E que é... Um dia, uma pessoa, de forma natural e tranquila em outros países, e ensandecida no Brasil devido às dificuldades e ao cipoal de normas, leis e regulamentos, decide empreender. Montar um negócio. E assim que o negócio vai ganhando forma, nasce Um Emprego. Isso mesmo, Um Emprego!

Não existe nenhuma outra espécie na natureza que produza uma fruta denominada Emprego. Apenas uma. A empresa. E esse emprego, de imediato, gera salário para quem trabalha, e impostos que darão origem ao Estado. Uma instituição que alguém um dia decidiu inventar para fazer o papel de uma espécie de síndico e/ou administradora de condomínio. Cuidar de um edifício ou condomínio chamado economia. No nosso caso, a economia do Brasil. Essa é a gênese. Verdade absoluta e definitiva. Não existe uma segunda possibilidade.

Quando retornamos aos anos 1940, quando a industrialização engatinhava por aqui, e os serviços também, nós, brasileiros, ou trabalhávamos, ou encaminhávamos nossos filhos para trabalhar em pequenos comércios das cidades. Alguns mais corajosos prestavam o concurso do Banco do Brasil. E outros trabalhavam nas prefeituras, um número menor nos governos de estado, e um menor ainda no governo federal.

Setenta anos depois, e dada a nossa indiferença e irresponsabilidade, fechamos os olhos preguiçosamente, o Estado foi crescendo, aumentando de volume, intensidade e tamanho, multiplicando-se mais que coelhos os funcionários públicos nas prefeituras, câmaras, estados, país, justiça, forças armadas, e todas as demais e infinitas modalidades de empregos públicos. Em síntese, 70 anos depois convivemos com um monstro. Que até mesmo por uma questão de inércia, não para de avançar e crescer.

E por que decidir escrever este texto? Porque estamos enfrentando uma das maiores crises da história recente, e, muito especialmente, de nosso país, pela característica do Estado brasileiro. No momento de pandemia, onde a economia volta para trás em desabalada marcha à ré, onde se esgotaram os recursos, os funcionários públicos comportam-se, através de lobbys poderosíssimos, todos concentrados em Brasília, como se estivéssemos vivendo tempos de total e intensa prosperidade.

O Titanic Brasil afundando e servidores públicos pedindo mais e mais champanhe... Nem no pior dos pesadelos poderíamos imaginar que um dia nos confrontaríamos com esse absurdo. Não é que o Estado vai quebrar. Já quebrou. Com a paralisação e decorrente queda brutal na economia, existe uma correspondente queda na arrecadação.

Assim, e como vem acontecendo na única espécie da natureza que dá uma fruta chamada emprego, e que são as Nossas Empresas, os que não perderam o emprego, veem, inexoravelmente, seus salários reduzidos. E ainda terão que se defrontar com o apetite irracional e incontrolável do monstro Estado, que não só não aceita redução no salário de seus funcionários, como ainda reivindica aumentos...

Um dia, um alucinado decide empreender no Brasil e nasce uma empresa. Semanas ou meses depois começam a brotar os primeiros empregos... Hoje, todas as empresas, em maior ou menor intensidade, encontram-se destruídas pela pandemia. Cortam empregos e reduzem salários. E hoje, quando olhamos para a próxima esquina, tudo o que vemos é um Estado a nos dizer, "Vou precisar aumentar os impostos...", para poder honrar os aumentos que pretendo conceder aos servidores públicos...

É isso, e é essa, queridos amigos, a patética e absurda realidade. É o fantasma ou monstro que nos espera na próxima esquina. O maior dos pesadelos. Precisamos resistir... Antes que o monstro que construímos para nos servir – lembram, servidores públicos – nos devore a todos.

Comunicação, a batalha perdida

Onde quase todos os países fracassaram na coronacrise? Alguns, como o Brasil, em não adotar desde o primeiro dia o uso da Máscara. Jamais por imposição, mas decorrente da motivação e convencimento das pessoas, mediante comunicação com um mínimo de qualidade. Mas os governantes preferiram tentar enfiar goela abaixo a salvadora máscara, com mais de 3 meses de atraso e na porrada: Use máscara, fique em casa, e só faltou completar com um palavrão...

Lamentavelmente, foi o que testemunhamos e deu no que deu. Até meses atrás ainda, a máscara era a única vacina de efeitos comprovados, com uma efetividade entre 60% a 80%, e que significaria reduzir a dimensão da pandemia em todos os países que adotassem essa santa providência, para um ou dois contaminados, em vez de cinco, e jamais teríamos considerado medidas extremas como o patético e absurdo lockdown!

Mas a grande derrota, o não entendimento que a mais eficaz dentre todas as armas era, e continuará sendo sempre, a comunicação. Sempre e em tudo. A comunicação de qualidade salva. A comunicação medíocre mata. Os governantes, por incompetência, ignorância e medo, decidiram-se pela comunicação medíocre. E, assim, mesmo que não fosse essa a intenção, Mataram.

Comunicação que, e se bem-feita, poderia ter na máscara – sempre no lugar mais alto das pessoas, com mensagens de diferentes tipos – o símbolo da resistência. E da adesão decidida e empolgada das pessoas. E claro, da orientação motivadora, positiva, que enaltece e engrandece as pessoas, e não a tentativa tosca, medíocre, pueril, de tentar conseguir a adesão das pessoas pelo medo e pela porrada, repetimos. Definitivamente, o pior dos caminhos. E que foi o escolhido por boa parte dos países, sob o comando de políticos despreparados, incapazes e lamentáveis.

Assim, testemunhamos, envergonhados, espetáculos degradantes no Brasil, fazendo com que policiais constrangidos prendessem mulheres que cometiam o crime de andarem ou correrem em praias desertas, ou cidadãos pacatos sentados em bancos de praças. Em outros países da América Latina a truculência foi então maior.

Em, Bogotá, Colômbia, durante certo momento, decidiu-se pelo rodízio de gênero. Nos dias ímpares só homens na rua; nos pares, só mulheres. A respeito de todos os novos gêneros nada foi definido. E multiplicaram-se homens vestidos de mulheres e vice-versa pelas ruas de Bogotá, como acontecia nos carnavais antigos do Brasil. No Peru, estabeleceram-se regras tão exóticas que as pessoas ou ignoraram, ou não entenderam, e assim, em poucos dias, por violarem essas regras absurdas, mais de 60 mil pessoas foram presas. No Peru, num determinado momento, passou-se a divulgar o número de contaminados, internados, internados em estado grave, e... presos.

Ou seja, amigos, depois de meses de coronacrise em todo o mundo, a síntese possível do amontoado de erros é **o mundo não sabe comunicar-se, e o mundo – a maioria – não entendeu que vacina é muito mais do que alguma coisa que se injeta no organismo. Vacina é o que protege e evita, ou reduz as chances de contaminação.**

Capa de chuva, galocha, camisinha, e máscara! Sim são vacinas provisórias e temporárias. Mas são vacinas. Máscaras! E, também, e principalmente, de longe, a vacina mais eficaz dentre todas: comunicação de qualidade. Que se injeta na cabeça, sensibiliza o coração e protege pessoas, parentes e amigos.

Duas cidades médias praticamente gêmeas nos Estados Unidos, optaram por caminhos diferentes e contrários. O da porrada, o da intimidação, uma; e o da comunicação de qualidade, sensibilização, convencimento, adesão, outra.
A da porrada permaneceu durante meses contando os mortos. A da comunicação de qualidade voltou à normalidade em duas semanas. Who cares...?

Carência de abraços

Numa edição do The New York Times, artigo assinado por Tara Parker-Porter escritora especializada em saúde e bem-estar. Tara foi atrás, ouviu cientistas e identificou quebra-galhos pela ausência provisória dos abraços. Abraços em tempos em que o abraço verdadeiro está proibido.

1. Jamais abrace de frente porque os rostos ficam muito próximos.
2. Sempre que o abraço for irrefreável e compulsivo, vire o rosto.
3. Nunca se abaixem – se resistir, claro – para abraçar uma criança. Deixem que ela abrace suas pernas.
4. E na falta do abraço, beije. Beije as pessoas na nuca, nem na testa e muito menos na boca. Socorro!

Depois de quase quatro meses a distância, só falando e vendo pelo Zoom, o reencontro com quatro adorados netinhos. Não resisti, permaneci abraçado com os quatro durante muitos, prolongados e infinitos minutos. Pensei que nunca mais fosse desabraçar.

Já no território dos negócios, antes da covid e em tempos de normalidade, muitos autores escreveram livros recomendando as empresas abraçarem seus clientes. O mais conhecido de todos o de Jack Mitchell, Hug Your Customers – Abrace seus Clientes.

Jack, chairman de uma rede de lojas – Mitchells Stores – há três gerações sob o comando de uma mesma família, e com lojas em Connecticut, Nova York, Califórnia, Washington e Oregon. No seu best-seller, "abrace seus clientes", ensina:

1. A melhor maneira de abraçar sempre seus clientes é descobrindo e antecipando-se ao que verdadeiramente querem. Eles se sentirão abraçados.
2. Esteja sempre disponível todas as vezes que seus clientes precisarem conversar com você. Eles se sentirão abraçados.
3. Trate todos os seus clientes como se estivesse diante de reis e rainhas. Eles se sentirão abraçados.
4. Facilite o acesso de seus clientes a todos os seus produtos e serviços. Eles se sentirão abraçados.
5. Agora, em tempos de digital, facilite o acesso de seus clientes a todas as informações e orientações que precisam quando distantes. Eles se sentirão abraçados.
6. Ensine, treine e motive toda a sua equipe que faça rigorosamente o mesmo que você faz. Os clientes se sentirão abraçados.

Assim, nos negócios, não só não está proibido como é mais que recomendado o abraço. Ensina Jack, "Um abraço é físico, mas também pode não ser". Existem outras maneiras de se abraçar as pessoas que amamos. Por exemplo, em relação a nossos clientes, retribuir sua preferência com nossa permanente atenção. Adote essas três letrinhas H, U, G, como o mote de seus negócios e de sua vida. Abraçar, em todos os sentidos e direções, continua sendo a melhor maneira de conquistar e preservar clientes. Abrace seus clientes sempre.

Em tempos que abraços estão proibidos jamais esquecer que todos os seres humanos amam serem acolhidos com simpatia e amor, sempre. E a melhor forma de acolhê-los é através de algum dos tipos de abraços de Jack Mitchell!

Já quanto a nossas vidas, todos se preparando. Mais alguns meses ingressaremos na temporada dos abraços. A maior e mais radical temporada de abraços dos tempos modernos. Todos dentro e participando! E a trilha musical mais que preparada. Claro, Beijinho Doce composição antológica e monumental de Nhô Pai. Gravada pela primeira vez em 1945, pelas Irmãs Castro. E imortalizada cinco anos depois no filme Aviso aos Navegantes, cantada pela Adelaide Chiozzo e Eliana Macedo.

Tinhamos escolhido a gravação do Tonico e Tinoco, mas uma matéria na CNN nos recomendou ficar com as Irmãs Galvão para a abertura da Temporada de Abraços... Vamos nessa?

"Que beijinho doce, foi ele quem trouxe de longe pra mim. Se me abraça apertado, suspira dobrado que amor sem fim...".

ABRAÇOS! Breve, em todas as casas e empresas do mundo...

Genomma, uma farmacêutica atípica

As pessoas que procuram saber quais são as empresas que mais investem em publicidade no país, quando se deparam com a informação oficial, levam um susto.

Esperavam encontrar empresas como Unilever, Via Varejo, Ambev, Vivo, Itaú, Pão de Açúcar, Bradesco, Santander, Amazon... Mas... O primeiro lugar pertence, há anos, a uma ilustre desconhecida, a Genomma

Lab, empresa de origem mexicana, que segundo o ranking investiu R$ 1,11 bi no ano de 2018.

Tudo bem? Mais ou menos. Aí você abre o jornal Valor, edição do dia 22 de outubro de 2019, e em manchete numa grande matéria a informação: "Genomma Lab prevê faturar R$ 1 bi até 2023...".

Como Assim...??? É isso mesmo. Não é que a empresa investe em publicidade mais do que fatura!!! É que o cálculo dos rankings de anunciantes no Brasil é feito pelo valor de tabela, e hoje, com a crise devastadora que assola a mídia analógica, as tabelas dos principais jornais, revistas e emissoras de televisão do país trabalham com descontos de até 90%... Ou, mais!

Em verdade, no máximo, a Genomma Lab investe pouco mais de R$ 100 milhões em propaganda. Se é que investe tudo isso... De qualquer maneira, um formato único e que merece ser conhecido. Uma alternativa arriscada, mas que, por enquanto, vem alcançando muito sucesso pelo grupo mexicano.

A empresa foi fundada no ano de 1996, pelo empresário mexicano Rodrigo Herrera e hoje se encontra presente em 19 países. Em 2018, teve uma receita total de US$ 640 milhões com um lucro de 10% sobre esse valor. O que é a Genomma Lab? É uma empresa de Branding, que comercializa exclusivamente produtos de higiene e beleza e medicamentos OTC – over the counter – aqueles sem necessidade de receita, e que podem ser anunciados.

Rodrigo Herrera era dono de uma produtora de comerciais. Via crescer a concorrência em seu território, e produzia comerciais para muitos clientes do território da beleza que também só faziam crescer e prosperar. Decidiu ingressar no território de produtos de beleza e remédios. Penhorou um relógio, encomendou um primeiro lote de produtos, e esmerou-se no branding, na comunicação. E é o que faz até hoje.

Todos os seus produtos são fabricados por terceiros. Criou, disseminou, e gerencia suas marcas, como Cicatricure, Asepxia, Lakesia, Goicoechea... E muitas outras mais. Concentra sua campanha na TV Record onde comprou um mega pacote que lhe garante um mínimo de 30 comerciais por dia.

Porém, neste exato momento, o modelo que trouxe a Genomma e Rodrigo Herrera até aqui começa a ser revisto. No primeiro trimestre de 2020, a empresa inaugurou duas fábricas na cidade de Toluca... E aí todas as interrogações pairam sobre seu futuro.

Assim, daqui para frente, quando você cruzar com o ranking dos investimentos em publicidade em nosso país, ignore. Ninguém leva a sério.

O emagrecimento das caixinhas

Em muitas profissões, no correr de décadas, uma parte significativa do ganho decorria das caixinhas, gratificações, ou de uma forma mais chula ou, no popular, gorjeta.

E, de repente, com a mudança de hábitos, com a modernidade, as caixinhas foram naturalmente reduzindo de tamanhos, e hoje têm apenas um valor simbólico para os prestadores de serviços que em passado recente complementavam sua renda com esses trocados.

Várias razões determinando o emagrecimento e debilidade das caixinhas. Especificamente, nos últimos 5 anos, a crise conjuntural brasileira, o desemprego brutal, fazendo com que a maioria das pessoas reconsiderasse as moedas do troco. E, com a pandemia, secaram de vez.

E simultaneamente e em muitas atividades, o prevalecimento do pagamento com cartão de crédito, e onde é possível o prestador de serviços digitar o valor certo, com os centavos, terminando com a possibilidade da caixinha. Nas moedas, mais...

E, ainda, os aplicativos, uma tragédia ainda maior para alguns prestadores de serviços, que não só perderam a caixinha como ainda tiveram que dividir parte do ganho com os aplicativos, caso dos taxistas, restaurantes e lanchonetes.

As listinhas de prédios para os funcionários minguaram e mesmo os que dão alguma coisa, reduziram a generosidade de forma significativa. E por fim, e talvez a mais melancólica das caixinhas, a dos entregadores de jornais e revistas de assinaturas.

Em todos os últimos dezembros e junto com os jornais de cada dia ou as revistas de final de semana, cartões anexos a Veja, Época, Estadão,

O Globo, dizendo: "Prezado assinante, que a paz, o amor, a saúde, a prosperidade, se façam presente em seu lar e pelos caminhos que passar. Feliz Natal e Próspero Ano Novo. É o que deseja o entregador de sua revista, Adamastor...".

Já começa que era difícil as pessoas cruzarem com os entregadores que, via de regra, prestam seus serviços pela madrugada. Agora mais ainda, na medida em que nos últimos 5 anos mais de 50% de todas as assinaturas foram canceladas.

Ou seja, que ninguém mais conte com a caixinha do que quer que seja para complementar o orçamento. O hábito de gratificar vai deixando o mundo em que vivemos... A tecnologia, acrescida da falta de reconhecimento e compaixão, ferrou os entregadores do que quer que seja.

Costanza, 82, a régua. Tarcísio, 85, o compasso

Costanza, a régua. O Brasil produziu poucos mentores sobre o que é a verdadeira elegância. Nos anos 1950 e 1960 pontificava Antônio Marcelino de Carvalho, 1905-1978, jornalista, escritor, cronista, com livros de sucesso sobre o tema elegância. Irmão de Paulo Machado de Carvalho, o marechal da vitória. Trabalhou no Shopping News e dava aulas de etiqueta na escola Eva, na Rua Augusta. E, luxo dos luxos, morava no edifício Ester, na Praça da República, apartamento de cobertura. Hoje descansa em paz no Cemitério da Consolação.

Mais adiante o Madia conviveu, em seu último emprego – ele era publisher da Carta Editorial, Revista Vogue –, com Rudi Crespi, outro árbitro e mestre da elegância. Apresentado por Luis Carta, Madia conviveu com Rudi durante dois anos, e aprendeu com ele a importância e a elegância das meias brancas. Enquanto isso, e a convite de Roberto Civita, padrinho de seu casamento, Costanza Pascolato, iniciou-se como produtora de moda na Editora Abril e desde então se tornou a referência quando o assunto é elegância.

Costanza chegou aos 82, bonita e elegante como sempre foi. Lançou seu quinto livro, A Elegância do Agora – e concedeu uma série de mais que merecidas e obrigatórias entrevistas sobre sua efeméride. Reverenciamos Costanza por muitos merecimentos, mas especialmente para falar de Branding. E Branding relacionado a pessoas. Às nossas marcas. As marcas que precisamos construir na cabeça e no coração das pessoas de nosso relacionamento para que a caminhada se torne mais fácil e suave, e as perspectivas de sucessos e vitórias sejam sempre crescentes. E no Branding de pessoas, se elegância não é tudo, é quase tudo.

Costanza fala sobre Elegância à Malu Bonetto da Revista Go Where. Diz: "A Elegância é uma estética de incomum eficácia e simplicidade. Tanto na arte como na arquitetura, a elegância é, frequentemente, utilizada como padrão de bom gosto e sugere maturidade. Uma pessoa elegante faz-se reconhecer pelo comedimento e cortesia. É amável e respeitosa com todos. Comunica-se com clareza e mantém a compostura em qualquer situação. Cuida da aparência, reservando um tempo para se arrumar. E, procura sempre, cercar-se de pessoas elegantes".

Apenas isso. Desnecessário tentar acrescentar o que quer que seja.

Já Tarcísio, o compasso. Ele, Tarcísio, um dos maiores galãs da história da televisão brasileira que completou 70 anos. Provavelmente, e na opinião dos críticos, apenas um bom ator. Já na opinião do povo, um mega ator. The best. Tarcísio Meira, 85 anos. Num dos últimos finais de semana de 2019, concedeu entrevista a Páginas Amarelas de Veja. Entrevistado por Sérgio Martins. Tarcísio concentrava-se em sua participação na peça O Camareiro, do dramaturgo inglês Ronald Harwood, no teatro FAAP. Chegando e saindo todos os dias numa cadeira de rodas, devido a problemas no menisco. Cumprindo seu dever e ofício de jornalista, Sérgio Martins provoca Tarcísio, passando por assuntos próximos do constrangimento, insinua inconfidências, traições, e lança algumas armadilhas...

Tarcísio mantém-se tranquilo, sereno, seguro, sem deixar de responder uma única pergunta. Tarcísio preserva-se numa postura de Branding irretocável. Uma pessoa, antes e acima de qualquer outro comentário ou manifestação, Elegante! Separamos três respostas da entrevista, e sua manifestação final sobre o momento de nosso país.

- Sobre a razão de ele e Glória Menezes não serem tão presentes nos castings das novelas da Globo...
  "Os autores não acreditam que existam velhos nas famílias brasileiras, nem que eles tenham papel relevante. Sabe como é, são jovens autores, que se preocupam com os jovens. Ignoram que são as pessoas de idade que passam mais tempo na frente da televisão assistindo a novelas. E essas pessoas sempre acompanharam nossa carreira".
- Sobre o uso de incentivos para a produção de espetáculos:
  "O incentivo veio e foi bem-vindo, porque existem pessoas que precisam de patrocínio para montar um espetáculo. Julgo importante que exista. Mas creio que se deva dar dinheiro a quem realmente precise e não a quem consegue arcar com os custos de uma grande produção. Veja esses musicais que custam muito caro. Talvez seja melhor dirigir essa verba a outros projetos...".

E a terceira, e provocado por Sérgio Martins sobre o que achava do presidente da Funarte, Roberto Alvim, ter se referido a Fernanda Montenegro como uma pessoa "sórdida", Tarcísio respondeu, "Esse senhor não conhece Fernanda Montenegro. Ela é uma fada, jamais seria uma bruxa, muito menos sórdida. Se disse isso, trata-se de um sujeito indelicado e grosseiro".

E ainda no final, provocado novamente por Sérgio que disse Tarcísio morar no 13º andar, no apartamento 1380, e num prédio onde o porteiro orienta os que visitam Tarcísio, "aperte o 13", se tinha votado no 13, no PT: "Não nas últimas eleições, respondeu, mas já votei no Lula e convenci minha mulher a votar também. Hoje está tudo muito confuso, as pessoas ficaram tão enraivecidas. A propósito, olha, ando com as duas pernas. Não posso caminhar com a da direita sem a ajuda da esquerda. Assim como não posso caminhar com a esquerda sem a direita. O que vejo é que uma perna está brigando com a outra e essa pessoa, o Brasil, é capaz de soçobrar. Apenas um saci anda com uma perna só e, mesmo assim, de vez em quando, pega carona com o vento...".

Costanza, Tarcísio, elegância, branding. E não se fala mais nisso.

O Brasil saci mais que precisando concentrar-se e olhar para frente... Pegando carona com e nos ventos abençoados da tecnologia e da modernidade. Com elegância, claro. E sempre!

PS: Já tínhamos terminado este texto quando Tarcísio Meira partiu. Assim, emocionados, todos os consultores da MADIA manifestam seus sentimentos, tristeza, pesar, e mais que merecidas homenagens.

A marca dos países

No ano passado foi divulgado o ranking 2020 – Best Countries –, uma iniciativa do US News, do Bav Group, e da Wharthon University Pensilvânia.

Pela abrangência, pelo tempo que vem sendo realizado esse estudo, e quantidade de pessoas e horas envolvidas, em nosso entendimento, é hoje uma das melhores – talvez a melhor referência, fita métrica ou termômetro – sobre a imagem dos principais países do mundo. Portanto, que merece ser mais que levado a sério. Que deveria orientar permanentemente a Branding Police de todos os países, a começar pelo nosso.

Antes dos resultados, vamos comentar um pouco a respeito da metodologia. O estudo tem por objetivo aferir a percepção que cada um dos países – 73 no total – tem das mais de 20 mil pessoas entrevistadas em todas as partes do mundo.

No ranking geral, o peso da percepção de cada país decorre de uma soma ponderada das seguintes componentes, por ordem alfabética:

- A Adventure – um país amigável, alegre, acolhedor, clima agradável, natureza encantadora. Peso 2.0%
- C Citizenship – respeito aos direitos humanos, respeito ao ambiente, igualdade de gêneros, progressista, liberdade de religião, respeito aos direitos de propriedade, confiável, equilíbrio político. Peso 15.88%
- CI Cultural Influence – culturalmente rico no tocante às manifestações artísticas, moda, lazer, mix cultural, moderno, influenciador e gerador de tendência. Peso 12.96%
- E Entrepreneurship – conectado e aberto ao restante do mundo, população educada e preparada para empreender, inovadora, fácil

acesso ao capital, força de trabalho qualificada, competência tecnológica, transparência nos negócios, infraestrutura de qualidade, legislação amigável e atualizada. Peso 17.87%
H   Heritage – cultura acessível, uma rica e consistente narrativa, rico na produção de alimentos e diferentes atrações culturais. Peso 1.13%
M   Movers – sensibilidade e receptividade a inovação, transformações, mudanças. Potencial de escalabilidade pela cultura. Peso 14.36%
O   OFB – Open For Business – burocracia mínima, custos baixos de produção, corrupção tendente a zero, impostos razoáveis, práticas governamentais transparentes. Peso 11.08%
P   Power – país com vocação para liderança, influenciador na economia e na política, alianças internacionais consistentes, e forças armadas qualificadas e fortes. Peso 7.95%
Q   QOL – Quality of Life – bom mercado de trabalho, acessível, economicamente estável, acolhedor a profissionais e famílias, baixa desigualdade social, sistema público de saúde desenvolvido, assim como educação e transporte. Peso 16.77%.

Conhecidos todos os antecedentes, critérios, e fontes de dados, vamos agora conhecer os resultados desse importante ranking. Capaz de projetar as expectativas dos países ranqueados, por, no mínimo, os próximos 20 anos. Resultados essenciais para a construção do Planejamento Estratégico dos Países, e para uma definição de uma Brand Police para cada um deles. No ranking total de 73 países, com todas as manifestações devidamente ponderadas sob a luz dos critérios que apresentei, o Brasil ocupa a 28º colocação no total. Ou seja, enquanto Marca, somos o país mais admirado na 28º posição.

Ocupamos a

34ª em empreendedorismo,

1ª em acolhimento,

30ª em cidadania,

7ª em influência cultural,

14ª em narrativa,
9ª em receptividade a inovação,
59ª em amigável e aberta aos negócios,
24ª em país com vocação para a liderança, poder,
e posição 52ª em qualidade de vida.

Essa é a fotografia do Brasil. No ranking geral estamos atrás de países como Suíça, Canadá, Japão, Alemanha, Austrália, Reino Unido, Estados Unidos, Suécia, Nova Zelândia, França, China, Itália, dentre outros, e a frente de Israel, México, Polônia, Turquia, África do Sul, Argentina, Chile, Peru e de todos os nossos vizinhos na América Latina.

Ou seja, e em termos de imagem na região, ainda o Brasil tem a melhor dentre todos os países. No ranking das pontuações, nosso pior desempenho é no tocante a não termos um ambiente moderno e receptivo e estimulador de negócios. Mas, no geral, não estamos mal.

Porém, ainda e sempre temos e precisamos melhorar muito. Lembrando, nosso pior desempenho é no – OFB – Open for Business – burocracia mínima, custos baixos de produção, corrupção tendente a zero, impostos razoáveis, práticas governamentais transparentes. Peso 11.08%

É onde mais temos que melhorar.

CAPÍTULO 7

EFEMÉRIDES E ÍCONES

E em meio à pandemia, uma língua de 50 anos invade e toma conta das redações. Enquanto e excepcionalmente, o craque dos investimentos WARREN BUFFETT, realizava prejuízos monumentais em decorrência da pandemia e pela forte concentração nas empresas aéreas.

Por ter um voo cancelado RICHARD BRANSON montou uma empresa aérea. Que veio para o Brasil e foi embora sem jamais ter realizado um único voo. Enquanto ela, GABRIELLE BONHEUR CHANEL era celebrada por seu legado, traduzido nos resultados espetaculares da empresa que criou.

Mais de 120 anos depois, O MÁGICO DE OZ se encontra com JUDY GARLAND, BILLIE HOLIDAY, BRETTON WOODS, LOUIS ARMSTRONG, VINICIUS DE MORAES, e muitos outros mais neste MARKETING TRENDS 2022, enquanto AKIO MORITA – o único empresário que acreditou no transistor e apostou todas as suas fichas – partiu sem jamais conseguir formar um sucessor à altura.

JORGE PAULO LEMANN, o grande empresário brasileiro da 2ª metade do século passado, aponta o dedo e diz qual o maior problema do Brasil: "Aqui perde-se muito tempo brigando". E homenagens e saudades de um dos mais queridos clientes da Madia e Associados, JULIO BOGORICIN.

Em meio à pandemia, uma... Língua!

Parou as redações, ainda que por poucos momentos. Mas parou. Mais que na hora de mostrar essa língua de 50 anos para o Coronavírus... Em tempo, Andy Warhol passou perto, mas jamais colocou a mão na língua...

Em meio à coronacrise, onde a única vacina comprovadamente eficaz e existente era a máscara, além, claro, de uma comunicação de excepcional qualidade e capaz de mobilizar as pessoas, coisa que definitivamente não aconteceu em nosso país, muito especialmente em São Paulo pela bateção de cabeça infernal e patética de João e Bruno, uma língua com 50 anos de idade ocupou a cena, ainda que por poucos dias. Todos muito nervosos e apavorados. A língua vermelha, espichada, boca à fora, concebida no mês de abril de 1970 – 50 anos – para ilustrar o cartaz da turnê dos Rolling Stones.

Um dia toca o telefone do Royal College of Art. Era a assistente do empresário do conjunto de rock Rolling Stones. Diz o assistente, "Estamos precisando da indicação de um designer para criar o cartaz da turnê pela Europa de uma banda de música... o nome, sim, Rolling Stones...".

Dias depois... "É do escritório do Rolling Stones? Foi daí que pediram uma indicação de designer? Estamos indicando o John Pasche... um jovem e talentoso artista de 24 anos...".

Na semana seguinte Pasche encontra-se com Mick Jagger. Recebe o briefing e marcam uma segunda reunião para dali a uma semana. Pasche chega com duas dúzias de sugestões. Jagger recusa todas, mas, estimula... "tem algumas boas ideias, mas, por favor, tente um pouco mais...".

Na semana seguinte Pasche volta e Jagger escolhe uma língua saindo de uma boca. E pede pequenas modificações. E a partir daí provas, idas e vindas, um pedido adicional de adaptação para aplicação na capa de um programa...

Numa terceira reunião, e diante de uma língua saindo de uma boca, mas, ainda originalmente em preto e branco, Jagger mostrou para Pasche a ilustração da divindade hindu Kali, também com a língua saindo pela boca... Gesto típico, segundo Pasche, das divindades e das crianças.

Jagger bateu o martelo! Antes do Natal de 1970, a língua mais vista, publicada e comentada da história moderna estava finalizada, pronta e aprovada. Faltava definir a data de seu lançamento.

Abril de 1971, álbum Sticky Fingers – a Língua faz, finalmente, seu debut. O álbum seria lançado na sequência nos Estados Unidos e, naquele momento, decidiu-se mandar uma versão oficial da língua via fax. Ao receber o fax, razoavelmente borrado, Craig Braun, que trabalhava com Andy Warhol, decidiu dar uma arrumada. E ao arrumar, não deixou de proceder a pequenas e relevantes modificações. Alongou a língua e colocou pequenos detalhes adicionais. E essa versão, converteu-se na versão oficial da língua mais famosa e publicada dos tempos modernos. A única capaz de parar as redações, dar uma pausa nas matérias sobre o Coronavírus, 50 anos depois, e para falar dela, da Língua.

John Pasche recebeu 50 libras por seu trabalho e, no final do primeiro ano, um bônus de performance de 200 libras. A partir de 1976, e com o sucesso da língua, assina um contrato sobre a venda de merchandising, e passa a receber 10% do total das vendas líquidas. Durante 12 anos ganhou um bom dinheiro e, diante de uma proposta irrecusável da banda, vendeu seus direitos autorais sobre a língua. Essa a língua. Que, repetimos, 50 anos depois, continua parando as redações e mexendo com o mundo.

Mais que na hora de mostrar a língua para a Covid-19 para que desapareça e nos devolva a paz. Já que a economia vamos levar alguns anos para recuperar.

Warren Buffett, 91, e a coronacrise

Se para alguns brasileiros Bolsonaro é um mito, para milhares de investidores nos Estados Unidos, e muitos em outros países, Warren Buffett é o grande mito. O mago dos investimentos.

Nascido na cidade de Omaha, Nebraska, no dia 30 de agosto de 1930, portanto, 91 anos, comanda e é o principal acionista da Berkshire Hathaway, com o espetacular resultado de mais de 20% de ganhos ao ano, nas últimas cinco décadas. Mas não conseguiu nem prever e muito menos desvencilhar-se a tempo da Covid-19. Até semanas antes do vírus era o 4º homem mais rico do mundo, com uma fortuna estimada pela revista Forbes em US$ 82,55 bi... E aí veio a coronacrise... Em menos de um mês as ações de sua Berkshire Hathaway derreteram US$ 50 bilhões.

Falando a seus milhares de acionistas, Buffett disse, "Perdemos neste trimestre US$ 49,9 bi, contra um lucro de US$ 21,6 bi do mesmo trimestre do ano passado. Demoramos para agir...". Como de hábito, o maior erro dentre todos, o demorar para agir. Como aconteceu com o Brasil em relação à pandemia.

Dentre os mantras de Buffett, a propósito de seus 91 anos, separamos 10 para compartilhar com vocês,

1. "Você não precisa ser um cientista de foguetes. Investir não é um jogo que a pessoa com um Q.I. de 160 ganha da pessoa com Q.I. de 130".
2. "Preço é o que você paga. Valor é o que você ganha".
3. "O tempo é amigo dos negócios excelentes e inimigo dos negócios medíocres".
4. "Regra número 1: não perca dinheiro. Regra número 2: não esqueça a regra número 1".
5. "Derivativos são armas de destruição em massa das finanças".
6. "Se alguém está sentado nas sombras hoje, pois é porque alguém plantou uma árvore muito tempo atrás".
7. "Parece existir uma característica humana perversa que gosta de transformar coisas fáceis em coisas difíceis".
8. "Veja as flutuações de mercado como uma amiga e não como uma inimiga. Lucre com suas bobagens e não participe delas".
9. "Quando se combina ignorância e alavancagem (dívida), se tem resultados bastante interessantes".
10. "Risco vem de você não saber o que está fazendo".

O fundo de Warren Buffett tinha uma forte concentração nas principais empresas aéreas dos Estados Unidos. Assim que entendeu a dimensão do desastre que se abatia sobre as empresas aéreas decidiu vender toda a posição.

11% da carteira da Berkshire estava investido na Delta;
10% na American;
10% na Southwest; e
9% na United.

Até mesmo aquele que é considerado o gênio dos investimentos, muitas vezes, nem sempre, tromba com a realidade. Mas como tem um longo crédito de sucessivos sucessos com os investidores da sua legendária Berkshire Hathaway, continua no comando. E constatado o erro, sem perder um único segundo, Warren agiu.

Vivemos um momento único na história do mundo e dos negócios, onde, e em decorrência da pandemia, para cada 90 perdedores, existem, sendo otimista, 10 vencedores.

A propósito, todas as empresas aéreas do mundo, sem exceção, emergem da coronacrise arrebentadas. Nenhuma, sem exceção, repetimos, conseguirá sonhar com o azul dos números, antes de 2026. Os próximos cinco anos estão reservados exclusivamente à recuperação. E nem todas conseguirão.

Virgin continua Virgin

Dentre nossos malucos favoritos Richard Branson disputa a primeira colocação com Elon Musk. Talvez Musk seja mais criativo e intenso, mas Branson é bem mais divertido e exuberante em suas realizações.

Um dia Richard Branson, em quem o pai não apostava um tostão furado pela sua dislexia, encasquetou que colocaria em pé um monte de negócios com uma única e mesma marca. Virgin. E assim fez. Não conhecemos outra história igual. Mais de 300 negócios e todos com a marca... Virgin...

Especificamente no território da aviação, tudo começou porque estava preparando-se para viajar até as Ilhas Virgens Britânicas, depois de um dia de trabalho em Porto Rico, quando foi avisado, minutos antes da decolagem, que o voo fora cancelado. Em suas palavras, explica o constrangimento pelo voo cancelado:

"Tinha uma linda mulher me esperando nas Ilhas Virgens Britânicas, e decidi não decepcionar". Aluguei um avião, comprei uma lousa na loja do aeroporto, e antes que os outros passageiros voltassem para casa escrevi no topo da lousa 'Voo para as Ilhas Virgens por US$ 39 o assento. Rapidamente enchi o meu primeiro voo...'. No final do voo foi aplaudido pelos passageiros e decidiu alugar um primeiro Boeing 747.

Em seu livro de memórias, diz, "Minhas maiores fontes de inspiração para novas ideias são as coisas que me frustram. Se algo está me incomodando, é porque tenho um problema a ser resolvido...". E assim nasceu a Virgin Atlantic, uma das maiores empresas aérea do Reino Unido, no ano de 1984.

Um dia decidiu que teria uma linha para o Brasil. Que sua Virgin pousaria em Guarulhos. E começou a montar seu circo numa primeira tournée pelo país.

Estadão, 4 de setembro de 2019: "Virgin Atlantic voará para o Brasil a partir de março...".

"A companhia aérea britânica Virgin Atlantic vai começar a voar para o Brasil a partir de 2020. O primeiro voo entre o aeroporto de Heathrow, em Londres, e Guarulhos, em São Paulo, está previsto para o dia 29 de março. As passagens começam a ser vendidas na próxima semana, dia 10...".

Estadão, 28 de maio de 2020: "Virgin Atlantic deixa o Brasil sem nunca ter realizado um voo".

"A companhia aérea britânica Virgin Atlantic, do bilionário Richard Branson, vai encerrar os contratos de trabalho da equipe brasileira nesta sexta-feira. Cancelou os planos de atuar no Brasil sem nunca ter saído do chão...".

Assim, e quem diria, a que tentou voar sem jamais ter feito uma única decolagem é mais uma das marcas da coronacrise de 2020 em nosso país. Uma empresa aérea que desistiu sem ao menos ter realizado um único voo. Primeiro adiou o voo previsto de março para outubro. Depois, jogou a toalha... Mas, e como disse Branson, aguardem.

Quando tempos melhores voltarem ou vierem, e como Branson não aceita ficar irritado nem perder, muito brevemente resgatará seu sonho provisoriamente cancelado.

Como sempre diz, "Se perder um ônibus não se desespere. Logo atrás vem outro". Ou como dizia o Barão de Itararé: "Nunca desista de seu sonho. Se ele acabou numa padaria, procure em outra".

Faz parte da vida. Ganha-se duas, perde-se uma e vai-se em frente. Esse é o placar nas centenas de negócios que Branson montou até hoje. De cada três negócios, um não deu certo. Mas dois deram. Próximo!

Coco Chanel

Se um dia, alguém conseguiu construir uma marca de inquestionável e reconhecido valor não é, definitivamente, e em tempos de crise, por maior que seja, que tem que buscar sua sobrevivência mediante descontos no preço. Ou como se diz na linguagem chula e vulgar, "abaixando as calças".

É nessa hora que se comprova se, verdadeiramente, é uma marca forte e de qualidade, e se tem gestores à altura de todas as suas conquistas.

Meses atrás a redação do Financial Times de Paris produziu importante matéria sobre uma das marcas mais emblemáticas dentre todas do território do fashion, a Chanel.

Ainda uma empresa familiar e controlada pelos Wertheimer, divulgou seus resultados referentes a 2019, o primeiro ano sem o comando de seu legendário estilista Karl Lagerfeld. A empresa fundada pela genial Coco Chanel, na cidade de Paris no ano de 1910, registrou receitas de quase US$ 13 bilhões, com um crescimento próximo dos 15% e um lucro de US$ 3,5 bilhões.

Ao comentar os resultados com a imprensa, Philippe Blondiaux, diretor financeiro da grife, dentre outras declarações, disse:

> A. "Não pretendemos sair desembestados vendendo nossos produtos – roupas, bolsas, relógios – pela internet, ainda que alguns de nossos principais concorrentes, como Gucci e Vuitton tenham

mergulhado de cabeça. Só vendemos alguns de nossos produtos de beleza ou no chanel.com, ou no tmall da China e exclusivamente...".
B. "Continuamos convencidos de que as relações pessoais entre o consultor de moda e o cliente continuarão como o ponto central da experiência em artigos de luxo...".
C. "Jamais concederemos descontos de preço. Ajustamos as encomendas aos nossos fornecedores e não teremos problemas. Descontos e liquidações não fazem e jamais farão parte da filosofia de Chanel...".

É isso, amigos. A importância essencial de se ter, sempre, uma política de preços consistentes.

Mesmo tendo partido no dia 10 de janeiro de 1971, os fundamentos da marca, criados por Gabrielle Bonheur Chanel permanecem vivos e inabaláveis.

Em seu legado Coco Chanel ensinou que...

1. "Um homem será o que quiser ser, mas jamais deixará de ser o acessório da mulher".
2. "A melhor cor do mundo é a que fica bem em você".
3. "As melhores coisas da vida são de graça. As segundas melhores custam uma fortuna".
4. "Esquece esse negócio de que moda é passageira. Não conheço ninguém que jogue roupa fora só porque se aproxima a primavera".
5. "A escolha é sua. Você pode ser bonita aos trinta, charmosa aos 40, e deslumbrante e irresistível pelo resto da vida. Ou não".
6. "Se a moda não chega às ruas é qualquer outra coisa menos moda".
7. "Se vista sempre, como se fosse ao encontro de seu pior inimigo".
8 "Luxo não é o antônimo de pobreza. Luxo é o antônimo de vulgaridade".

9. "A verdadeira elegância acontece quando o interior é tão bonito quanto o exterior".
10. "A moda passa. O estilo, jamais".

Ela, Coco Chanel, eterna referência. Sua última citação, ou lição, talvez seja a mais importante em todos os processos de branding. A importância definitiva de estilo e da personalidade. A verdadeira essência de todas as marcas de excepcional qualidade. Exemplo? Chanel. "A moda passa, o estilo, jamais!".

O Mágico de Oz

Mais de 120 anos depois o mega best-seller de Lyman Frank Baum – 110 milhões de cópias – continua vendendo às dezenas de milhares todos os anos. E não existe a menor perspectiva que vá parar tão cedo...

No original, primeira edição maio de 1900, The Wonderful Wizard of Oz, em Portugal O Maravilhoso Feiticeiro de Oz, no Brasil, O Maravilhoso Mágico de Oz, e nos cinemas O Mágico de Oz.

Frank Baum é da cidade de Chittenango, Nova York, EUA, 1856, e morreu na Califórnia, Hollywood, 1919. Quatro filhos homens, e casado com Maud Gage Baum. Sétimo filho de nove, e Lyman em homenagem a um tio.

Pai rico, com campos de petróleo na Pensilvânia. Estuda na Academia Militar de Peekskill, Nova York, e por um problema no coração volta para casa. Escrevia o tempo todo. Trabalha com teatro, cria aves exóticas, e mais adiante cuida de uma rede de teatros que pertencia a seu pai.

Em 1888, com Maud mudam-se para Dakota do Sul onde tinham um bazar. Mais adiante fixa residência em Chicago, trabalha como repórter para o The Evening Post. Em 1900, vive sua epifania, escreve o Mágico de Oz, em parceria com o ilustrador William Wallace Denslow. Despede-se em cinco de maio de 1919, em decorrência de um AVC – Acidente Vascular Cerebral.

O livro vira filme em 1939. Começa em preto e branco, e depois de alguns minutos ganha cor. O primeiro registro de filmes coloridos de verdade da história do cinema. Por essa razão, filme escolhido para a estreia da TV em cores nos Estados Unidos, por começar PB e, de repente, cores.

O casting precisa ser refeito. Um outro filme, do mesmo ano, 1939, E o Vento Levou, rouba metade do elenco. Poucos meses da estreia eclode a 2ª Grande Guerra. Além da música tema do filme, Over the Rainbow que domina corações e mentes a partir da estreia do filme, na voz de Judy Garland, outra música, periférica, brutal, devastadora, na voz de Billie Holiday, que quase nunca conseguia chegar ao final de tão emocionada que ficava, Strange Fruit, descrevendo os negros que amanheciam dependurados nas árvores, faz o contraponto. Over The Rainbow nas superfícies, nas grandes avenidas, e Strange Fruit, nos jazz club, becos, periferias, comunidades, guetos...

De alguma maneira, esses 120 anos completos encerram um grande ciclo. Que contemplou crises, recessões, duas Grandes Guerras, a reunião de Bretton Woods, a conquista do microchip e do qual decorreu o 4º ambiente do universo, a Digisfera, e agora nos encontramos numa espécie de cais do mundo velho, todos os bilhões de habitantes da terra, esperando pelo navio que nos levará para o lado de lá.

Para o segundo tempo da história da humanidade. Do Admirável Mundo Novo que está nascendo. E que, de certa forma, foi anunciado na música cantada por Louis Armstrong, What a Wonderful World...

Retoma, na letra, o mesmo Arco-íris de Over The Rainbow, mas afirma que as mesmas e lindas cores do Arco-íris, - "The colors of the rainbow so pretty in the sky", também encontram-se presentes, ao nosso lado, e em todas as pessoas com que cruzamos pela vida, "Are also on the faces of people going by"...

É isso, amigos. Tenho certeza de que a pandemia mexeu com tudo em nossa vida. E muito especialmente com sentimentos definitivos e verdadeiros, provisoriamente esquecidos ou encolhidos num dos cantos de nossos corações e mentes, diante da balbúrdia e alucinação dos tempos modernos. Mas que a pandemia fez por despertar.

Mais que convencido de que o verdadeiro caminho e sentido de nossas vidas, seres humanos, e a partir desta pandemia, voltam a prevalecer.

Como nos ensinou Vinicius de Moraes, "para isso fomos feitos, amar e ser amados...".

Akio Morita, seu nome é saudades

Quando Akio Morita partiu, a Sony ficou órfã. Continua até hoje. Meses atrás, despediu-se do Brasil. Para os jovens a Sony não quer dizer absolutamente nada. Para os mais andados, apenas alguma saudade sem grandes e fortes emoções...

Um dia, Akio Morita, físico pela universidade de Osaka, ouviu falar de um tal de transistor. Visitou o criador do transistor, Laboratório Bell, que acreditava ter em suas mãos importante inovação, mas não sabia o que fazer com ela. Comprou a invenção por US$ 25 mil, no ano de 1953, e quatro anos depois lançou os primeiros rádios transistores. Produtos menores, e mais baratos.

Sua empresa tinha um naming grandão, "Tokyo Tsushin Kogyo Kabushiki Kaisha", e decidiu-se por um mínimo, que começasse com uma consoante forte, e que remetesse a som: Sony.

Um dia, visitando lojas nos Estados Unidos, entendeu que o made in Japan significava quinquilharias. Emblematicamente representados pelo guarda-chuva de papel crepom colocado para enfeitar e decorar sorvetes. "Era o que de melhor o Japão fabricava e vendia para os americanos" escreveu Morita.

Decidiu mergulhar de cabeça no design. Fez produtos lindos mas que ficavam perdidos em lojas multimarcas, e assim optou por lojas próprias e exclusivas com produtos Sony. Em que, um dia, inspirou-se Steve Jobs anos depois para as suas Apple Stores.

Morita partiu em 1999 e, definitivamente, não conseguiu enraizar o suficiente sua cultura de design e inovação em sua Sony. E aos poucos, ano após ano, a Sony foi perdendo o brilho, enfraquecendo-se e sendo superada pelas empresas da Coreia do Sul.

Em 2020, a Sony anunciou o fechamento de sua fábrica no Brasil, na cidade de Manaus. Disse que depois de 48 anos iria encerrar as atividades reconhecendo ter perdido competitividade em televisores, áudio e câmeras.

Em depoimento ao jornal Valor, um varejista que vendia os produtos da Sony foi taxativo, "A Sony não tinha preço, competitividade zero. Só compravam um Sony os adoradores da marca – em número cada vez menor – e um público sempre numa faixa de idade acima de 40 anos. Não exercia nenhuma atração nos jovens...".

A perda de magneto e atratividade da marca, os sintomas escancarados de envelhecimento galopante traduzem-se nos números globais da empresa. Há 10 anos a Sony detinha, por exemplo, no mercado de televisores, uma participação de 10,5%. Fechou 2019 com 4,2%. De quem brigava pela liderança passou a disputar a rabeira do ranking. Disparando na sua frente Samsung com 18%, TCL com 13% e LG com 11%.

Em seu livro Made in Japan, Akio Morita teve uma premonição do que levaria a Sony à decadência. Escreveu, "Quando você comanda uma grande indústria, precisa manter o time da produção permanentemente informado e orientado sobre o que é relevante para o mercado, sobre o que os clientes valorizam. Não existe nada mais importante que isso. Trabalhar a cabeça de seus engenheiros...".

De certa forma, dizendo, se começarem a isolar-se e concentrar-se no produto desenvolverão ótimos produtos – apenas e exclusivamente para eles mesmo – e totalmente distantes do mercado e das demais pessoas.

E arrematou, "Não vejo futuro para as empresas que não consigam inovar permanentemente. E há três momentos e lugares onde a inovação é vital. Em tecnologia, na pesquisa e desenvolvimento de produtos, e no marketing. Não é suficiente inovar em dois dos três. Tem que inovar nos três, sempre...".

E assim, por não conseguir preservar esse ensinamento definitivo de seu criador, Akio Morita, a Sony mergulhou, de 10 anos para cá, num processo até agora irreversível de encolhimento.

A Sony nunca mais foi a mesma depois da partida dele, Akio Morita.

Akio Morita, seu nome é saudades.

Jorge Paulo Lemann

No dia 25 de setembro de 2019, depois de pouco tempo na 2ª colocação, Jorge Paulo Lemann, segundo a revista Forbes, resgatou a primeira colocação como o brasileiro mais rico do mundo. Voltando a ultrapassar o banqueiro Joseph Safra. Jorge Paulo Lemann, de novo o número 1, como um dia foi sua cerveja Brahma, e com um patrimônio de R$ 104,71 bilhões.

Nascido na cidade do Rio de Janeiro, em 26 de agosto de 1939, fez Escola Americana na cidade maravilhosa, e é formado em economia por Harvard. Suspenso por 1 ano por jogar bombinhas no pátio da Escola Americana, mesmo assim conseguiu terminar um curso que levava 4 anos em 3.

Jogou tênis profissionalmente, ocupou a primeira posição do ranking mundial dentre os veteranos, e defendeu tanto o Brasil como a Suíça – tem dupla nacionalidade – na Copa Davis.

Foi sócio de meu querido chefe, sócio e amigo com quem trabalhei na Companhia Anhanguera de Investimentos, James Wright Ladd, – o Jimmy – na Invesco. Corretora de valores que quebrou no ano de 1966, quando Jorge tinha 27 anos.

Apareceu pela primeira vez na lista dos bilionários de Forbes no ano de 2004, com R$ 1,1 bi. Ano em que fundou a Ambev. Na sequência aquisições e mais aquisições. Em 1993, fundou o GP Investimentos, e todo o restante, que não é pouco, é uma longa história de muitos e grandes sucessos e pequenos fracassos. Em síntese, em 15 anos, multiplicou seu patrimônio por 100.

Aos 80 anos, Jorge Paulo concedeu entrevista ao jornal O Globo, a Thomas Traumann, que sintetiza tudo o que ouviu do empresário na chamada da matéria: "É preciso brigar menos e investir mais em educação".

A pedido de Traumann, Jorge Paulo fez seu balanço da década que se encerrava. Diz Jorge Paulo: "Dentre as mais importantes lições desses 10 anos, a maior de todas é que a corrupção não funciona". Não me refiro exclusivamente ao sentido moral mesmo porque é óbvio, mas no sentido de resultados econômicos. A corrupção distorce a competição entre as empresas e elimina a meritocracia. O produto final, por exemplo, uma estrada, passa a ser decidida pelo suborno pago, e não pelo encurtamento da distância, qualidade do asfalto, ou o que quer que seja. "A corrupção produz uma economia ineficiente...".

País brigão... Diz Jorge Paulo que o maior aprendizado dos últimos 10 anos é que o Brasil perde muito tempo brigando...

"O Brasil briga demais. Esse clima de divergência impede a produção de consensos. Todos concordam que o Estado é ineficiente e perdulário, mas, me pergunto, por que não é possível sentar e construir consensos de como entregar serviços públicos de maior qualidade? Ou todos concordam que é preciso investir mais em educação, mas como tomar a decisão certa em meio a tanta briga?"

Sobre o que faria caso tivesse 20 anos hoje...

"Iria passar dois anos no Vale do Silício ou em outro lugar de ponta em tecnologia, como Cingapura, por exemplo. Ia aprender tudo o que pudesse e montaria meu próprio negócio. E voltaria para o Brasil porque aqui tem muita oportunidade...".

E sobre o atual governo, "O rumo Paulo Guedes está correto. Melhor seria se o atual governo tivesse menos agito...".

Esse é, aos 80 anos de idade, o empreendedor mais bem-sucedido de nosso país, Jorge Paulo Lemann...

Uma referência em meritocracia. Um desastre em branding.

Julio Bogoricin

Um dia toca o telefone no MadiaMundoMarketing. Marcia, uma das sócias, atende e diz, "Madia, tem um empresário do Rio de Janeiro que disse precisar falar muito com você".

Atendi. Do lado de lá, ouço, "Madia, é o Julio, Julio Bogoricin. Posso te chamar de Chico? Leio todos os seus artigos na revista Marketing e no Propmark, acredito que tenha um vazio no mercado imobiliário da cidade de São Paulo com o fechamento da Clineu Rocha, e estou muito tentado a levar a Julio Bogoricin para a sua cidade. Preciso de orientação e direcionamento e gostaria de contar com os serviços de sua empresa de consultoria. Você me ajuda...?".

Quinze dias depois, Julio entrava na Madia e em questão de minutos já tinha seduzido todos os nossos consultores. Contratou a Madia para cuidar de sua chegada à cidade. Finalmente, a Julio Bogoricin em São Paulo! Um privilégio que só o Rio de Janeiro conhecia.

Trabalhamos juntos por quase três anos. Empresário brilhante, de energia e inteligência fenomenais, mas com uma dificuldade absoluta de conviver com a mediocridade, incompetência, burrice e ignorância.

O que, várias vezes, o tornava, embora fosse uma doce pessoa para aqueles que respeitava e gostava, deselegante. Durante três anos tivemos uma convivência maravilhosa. Na primeira reunião em que começamos a prestar serviços para o Julio e para a Julio em São Paulo, ele nos colocou o desafio. Disse: "Chico, preciso ocupar o espaço e me tornar na mais importante imobiliária da cidade em, no máximo, dois anos. É o tempo que temos. Conto com você e seus consultores. Juntos desenvolvemos o planejamento estratégico para os primeiros anos. Dentre outras iniciativas, e em termos de mídia, trabalhar com uma agência rápida no gatilho e brilhante em criatividade. E a escolhida foi a DPZ, e a estratégia de comunicação anúncios diários de oportunidades no jornal que formava a opinião dos paulistanos: o Jornal da Tarde.

Ainda uma semana antes da crise do Coronavírus, o Gustavo Bastos da 1121 veio almoçar aqui na Madia, com o Fabio e comigo, e contamos essa história para ele. Dizendo que o trabalho fantástico que a agência dele vem realizando para a cerveja Rio Carioca e outros clientes, foi rigorosamente o mesmo que a DPZ realizou, 40 anos atrás para a Julio Bogoricin.

Mas, continuando, na ativação da estratégia, Julio sentou-se com José Maria Homem de Montes e fez uma compra gigantesca de páginas do JT – Jornal da Tarde. A DPZ reiterou seu DNA de, além de uma excepcional criatividade e direção de arte espetacular, de sacar e atirar rápido. E assim aconteceu. Mas era preciso produzir um fato definitivo. Para gerar buzz e reverberação relevante. Num momento do mundo onde ainda não existiam as caixas de reverberação de hoje: internet e redes sociais.

E considerando a história exemplar da Julio Bogoricin no mercado imobiliário do Rio de Janeiro, ocorreu-nos criar um prêmio de repercussão nacional. Propusemos à revista Marketing, da Editora Referência e do Acadêmico Armando Ferrentini que instituiu o prêmio. Munido de forte e consistente arrazoado, justificativas, feitos e credenciais sobre o Julio e a Julio, fomos nos encontrar com o Armando que depois de 60 minutos topou, e nascia assim o Prêmio Homem de Marketing do Ano, na sequência rebatizado de Profissional de Marketing do Ano. E seu primeiro ganhador, com total merecimento, ele, Julio Bogoricin, recém-chegado a cidade de São Paulo. Não poderia existir Welcome melhor! Anunciado o prêmio e o premiado, matérias e mais matérias em todo o país, especialmente na cidade de São Paulo.

Depois de consagrar-se na cidade, um dia Julio passou o bastão para sua filha, voltou para o Rio, e dividia seu tempo entre a cidade maravilhosa e New York City. De vez em quando me ligava, lembrava-se do trabalho de 40 anos atrás, e sempre terminada as ligações dizendo, Chico, não se esqueça que te amo.

Num final de semana, madrugada do dia 21 de março de 2020, Julio morreu na cidade de Nova York, assim como Tom Jobim. Um dos gênios do marketing imobiliário do Brasil e do mundo, querido e saudoso amigo, de quem nos despedimos e homenageamos neste Marketing Trends 2022.

Nós também te amamos, querido amigo Julio Bogoricin.

CAPÍTULO 8

INOVAR É PRECISO, VIVER NÃO É PRECISO

Tudo ou quase tudo em processo de reinvenção... Até mesmo o velho e festejado pão. O pão nosso de cada dia em muitas e diferentes e novas versões. E CINGAPURA, um pequeno país com 57 anos de existência, convertendo-se em benchmark para todos os demais países.

De BAURU a SÃO PAULO, passando por SHERLOCK HOLMES, PETER DRUCKER, WALDEMAR DE BRITO, DONDINHO, PELÉ, LUIZ QUARTIM BARBOSA, CARLOS ARAUJO SOUZA, e outras personagens decisivas no cenário de minha vida. E os detestáveis atravessadores de ontem, hoje chamam-se "aplicativos" e são adorados...

Dentre os heróis de um novo mundo em processo de construção, ele, DOUGLAS ENGELBERT, "o pai do rato" – todos trabalham com um rato em suas mãos. E somos do tempo da uva com semente...

EXOS ou OREX, as novas empresas chegando e tomando conta da paisagem e do ambiente corporativo, e nem mesmo o museu criado para homenagear as publicações – NEWSEUM – e assim como vem acontecendo com a maior parte delas, sobreviveu.

Cingapura, apenas uma fotografia nas revistas. Dói, e nada mais

Dentre as cidades mais festejadas dos dias que vivemos, do tsunami tecnológico, da travessia do mundo velho para o admirável mundo novo, Cingapura ocupa uma das, ou, talvez, a primeira colocação.

Oferece importantes lições e constitui-se num ótimo "case" a ser discutido e analisado para todos os demais países. E ponto. Absolutamente impossível replicar em países maiores e com séculos de problemas e desafios nas costas, as mesmas soluções encontradas por Cingapura.

Começa que o país todo, Cingapura, é uma ilha com 719 km^2, pouca coisa menor que a metade da cidade de São Paulo, e 12 vezes apenas maior que a ilha de Manhattan. Ou seja, um país pequeno, ou mínimo.

Mas tem um outro e importante detalhe. Cingapura é como se fosse um Neon, um Nubank. O Brasil é um Bradesco ou um Itaú, Banco do Brasil. E como o Bradesco e o Itaú, e os demais grandes bancos, têm um passado para resolver e descartar a maior parte. São milhares de metros quadrados de espaços, mais móveis, mais milhares de agências que não servem para nada, enquanto as fintechs ou novos bancos só olham para o futuro.

Se nossa história completou 522 anos, a de Cingapura tem 57. O Brasil também tem que resolver as encrencas que construiu no passado. Como, por exemplo, um Estado balofo e voraz que debilita dia após dia nossa economia.

Em 1965, Cingapura separa-se da Malásia, renasce como estado independente, só olha para frente, já que a natureza é pobre e tem que importar até água, concentra-se na industrialização, e mergulha na tecnologia. Sai da frente! Hoje a pequenininha Cingapura é o quarto maior centro financeiro do mundo, e registra a presença de 7 mil empresas multinacionais.

Noventa e sete por cento da população é alfabetizada, de verdade, 77% têm curso superior, é o país mais competitivo segundo o Fórum Econômico Mundial, 91% dos habitantes têm acesso a banda larga, e é o segundo lugar mais fácil de se fazer negócios em todo o planeta.

Considerando a dimensão do país, a forma moderna como se planeja, organiza e trabalha, definiu suas metas para 2030 e certamente vai alcançar todas.

Nenhuma casa a mais que 10 minutos a pé de uma estação do Metrô, ninguém pode morar e trabalhar a mais de uma hora de distância, ninguém pode morar a uma distância superior a 400 metros de um parque, 30% das posições de diretorias e conselhos das empresas ocupados por mulheres, e por aí vai.

Ou seja, amigos, Cingapura é uma maquete. Um sonho que se realiza. Uma fábula que se converte em realidade. Temos muito que aprender e aproveitar de todas as experiências que a cidade vem realizando, mas nossos desafios são de outra ordem e dimensão.

Talvez, um exercício que devêssemos fazer numa espécie de Projeto Brasil Cingapura é analisarmos nossas 500 principais cidades, e ver o que poderíamos aproveitar e replicar daquele país cidade, por aqui.

É só isso. Mas, só isso, e já é muito! Vamos refletir, considerar e, quem sabe, replicar algumas dessas iniciativas. E então, em algumas cidades brasileiras, ao invés do Havaí, como diz Caetano, Seja Aqui, consigamos fazer com que Cingapura, Seja Aqui, também!

Dona Celeste, Waldemar de Brito, Carlos Araujo Souza, Luiz Quartim Barbosa, Sherlock Holmes, Peter Drucker, Steve Jobs, Dico, Zoca, Comandante Rolim, Katinha e Chico Bauru

Bauru, 7 de fevereiro de 1954, domingo de sol e calor. Eu, Francisco Madia, nasci 11 anos antes e morava naquela mesma casa. Avenida Rodrigues Alves, 979, telefone 792. Na frente da minha casa, centenas de moleques recebendo o fardamento para o Campeonato Infanto-juvenil de Futebol, organizado pelo Diário de Bauru, em parceria com a Gazeta Esportiva. Dentre os clubes na avenida, o baquinho, Bauru Atlético Clube. Meu aniversário era na quarta, dia 10. "Pai, não dá para você arrumar para eu fazer um teste no baquinho?"

Meu pai, Carlos Araujo Souza era secretário da Prefeitura, só andava de terno, gravata e chapéu, e diretor do BAC. O presidente era o João Fernandes, que trabalhava na Sanbra, e amava futebol. Contratou Waldemar de Brito para treinar o baquinho.

Nove anos antes, no dia 15 de setembro de 1945, João Ramos do Nascimento, mais conhecido como Dondinho, notável artilheiro e cabeceador chegava a Bauru, com a esposa Celeste, a sogra Ambrozina, o cunhado Jorge Arantes, e os filhos Maria Lúcia, Jair (Zoca) e o mais velho, 4 anos, Edson (Dico). Mais tarde virou Pelé...

O BAC precisava de um centroavante cabeceador. A missão foi confiada a meu pai. Soube de um centroavante que estava fazendo umas partidas pelo Frigorífico Cruzeiro. Foi a Cruzeiro, contratou, e para viabilizar arrumou um emprego para Dondinho no Centro de Saúde... O presidente do Cruzeiro, Luiz Quartim Barbosa, que 20 anos depois veio a ser meu sogro. Pai da Katinha.

Chego ao primeiro treino. Waldemar de Brito olha em minha direção e pergunta:

— Seu nome?

— Chico.

— Que posição você joga?

— Qualquer uma — respondi.

Ele parou, pensou, e disse: "Chico, hoje você não vai treinar. Vai assistir ao treino e do meu lado e decidir sobre a posição que quer jogar. Não existe isso de qualquer uma. É essencial ter uma compreensão de tudo, ser generalista no conhecimento e na vida, mas cada um de nós precisa escolher um caminho, uma especialização... No dia seguinte, voltei e passei a treinar no meio do campo. O infantil, onde eu jogava, treinava contra o juvenil, onde jogava o Dico (Pelé). E a vida não foi fácil...

Quando vim para São Paulo, 1957, jogava basquete, e fui jogar no infantil do Palmeiras. Mas o ano de 1954 foi o melhor ano de minha vida no quesito futebol. Todos os domingos, eu e meu querido primo José Fernando Souza de Franco íamos cedo para o campo do BAC, assistir à preliminar onde jogava o Baquinho, e o Dico com a camisa 10. Ele Pelé. Nunca mais na minha vida tive emoções tão fortes como nas preliminares e vitórias do baquinho. 100 gols em 23 jogos. 27 de autoria dele, Pelé. Cruzei pessoalmente com o Pelé mais duas ou três vezes pela vida. E Nunca mais cruzei com Waldemar de Brito, que faleceu em 1979, mas o que me disse naquele dia em que não treinei marcou minha vida para sempre.

Fui me reencontrar com suas palavras nas memórias de meu mestre e mentor Peter Drucker, um circunstante como se dizia que tinha uma capacidade monumental de enxergar toda a cena em todas as dimensões, e, com isso, o poder de contextualizar, condição essencial para recomendações precisas de consultores de empresa. Como ele era, e como sou.

Da mesma forma que encontrei as palavras de Waldemar de Brito em Conan Doyle e seu Sherlock Holmes, que desvendava todos os mistérios com a ciência e a arte da dedução. E isso marcou definitivamente minha forma de ver e de pensar. De planejar. E entender a diferença essencial entre criar e inovar. E a profunda admiração que tenho pelo Inovador Steve Jobs. Que não criou nada, apenas juntou com sensibilidade o que já existia e estava dominado.

Jobs era zen budista. Dizia, "Acho que as diversas religiões são diferentes portas para a mesma casa". Se fosse católico ia recomendar ao Papa Francisco que cuidasse de sua beatificação. Leio as histórias dos santos e que sempre começam com dois milagres. Jobs salvou a vida de milhões de pessoas, e mudou o patamar social de nossas vidas para sempre. Acho que deveria ser santificado...

Criar é um dom. Inovar, uma técnica. E aos que nem têm o dom e não dominam a técnica, recomendo o 7º mandamento do comandante Rolim. "Quem não tem nem a capacidade de criar ou inovar precisa ter a coragem de copiar." Quando ele disse isso todos se sentiram envergonhados. Mais adiante, copiar foi rebatizado para benchmark e todos se sentiram mais que à vontade para. E o mundo nunca mais foi o mesmo... Para melhor, sempre. Muito melhor.

Os novos atravessadores

Como os mais velhos devem se lembrar, passamos a vida ouvindo falar mal dos atravessadores, ou intermediários. Segundo a imprensa disseminava, e de certa forma o povão reverberava, eram os responsáveis pela "carestia". Hoje atravessador e intermediário mudou de nome, chama-se APP, isso mesmo, aplicativo, e é considerado uma dádiva dos deuses. Vem jogando todos os preços para baixo...

Quando eram as pessoas que atravessavam, bandidos e criminosos; já aplicativos... Independentemente de pessoas ou aplicativos assim segue a vida. E assim continuará por mais e muitos anos. Com todos os preços, em maior ou menor intensidade e dimensão, despencando. Lembram-se do livro premonitório e essencial de Jeremy Rifkin, Sociedade com Custo Marginal Zero? Era exatamente sobre isso que Jeremy alertava a todos.

O impacto da tecnologia na vida e nos negócios. Jogando todos os preços para baixo. O desafio, como estamos constatando agora, é que antes da tecnologia derrubar todos os preços, começa devastando os empregos. Os reduzindo substancialmente e provocando no curto e médio prazo uma crise social de grandes dimensões. Daí a necessidade urgente dos chamados "Colchões Sociais" para atenuar o empobrecimento provisório de parcela substancial de pessoas, até que a nova economia ganhe forma e todos voltem a prosperar.

Um exemplo de queda espetacular nos preços. Uma pequena matéria no Estadão falando sobre um aplicativo, Voll, ainda cheirando a tinta, de 2018, que cria uma plataforma de transporte corporativo. E a qual já aderiram muitas e grandes empresas como Pepsico, Heineken, Telefônica, Claro, Tim, Mcdonalds, Vivo, Sodexo, Souza Cruz, e já conta com mais de 100 mil usuários.

E o que faz o Voll? É um atravessador do passado. Integra dezenas de aplicativos de transportes, faz as comparações, e diz, para cada usuário, qual a melhor alternativa de uso para aquele trecho específico.

Faz com os aplicativos, hoje, agora, o mesmo que os aplicativos fizeram ontem com os táxis e taxistas. Lembram, ditado popular, "quem com ferro fere, com ferro será ferido". Os pagamentos são feitos pelo aplicativo, e o Voll garante uma economia de até 30% para as empresas.

É isso, amigos. Começou. Ou, agora, a segunda geração de atravessadores... Já que Ubers e 99 formaram a 1ª geração... Atravessador passou a ser queridinho e mudou de nome, APP.

Estávamos errados antes ou estamos errados agora? Nem um nem outro, tempos mudam, conceitos e entendimentos evoluem. Aconteceu...

Objetivamente o que está acontecendo? Que os taxistas e motoristas de aplicativos testemunham, atônitos, dia após dia, seus ganhos serem reduzidos. Um segundo e brutal avanço em suas hoje minguadas margens... Se é que ainda existem... Na primeira das duas consequências que Jeremy Rifkin nos advertia.

Antes, ou à medida que os preços despencam e as economias acontecem, o desemprego e ganhos e remunerações mergulham de cabeça para baixo. Mas adiante vai atenuar e depois melhora. Mas, por enquanto, é o que temos para este e todos os próximos anos. No popular, ferro sobre ferro... Será que deveríamos comemorar tanto?...

Lembram-se da história do artista de circo e sua aranha adestrada? Que gritava para a aranha "pula, salta, dança", e a aranha pulava, saltava e dançava. Para tornar tudo mais difícil decidiu cortar uma das pernas da aranha. E mesmo assim, mancando, a aranha continuou obedecendo às ordens. Mesmo com uma única perna desempenhava. Até que o domador decidiu cortar a última. Gritava, urrava e a aranha não saia do lugar. Desculpando-se e olhando para a plateia, disse, "Acabo de descobrir que aranhas sem pernas ficam surdas...".

Mais ou menos, o que começamos, perplexos, a testemunhar com dezenas de atividades... Depois, melhora mas, para muitos, depois, talvez seja demais.

Heróis da Digisfera, ou o pai do rato

Hoje, ele, Eng, todos os dias você toca no filho dele, carinhosamente. Mudou a história da humanidade. Para melhor, muito melhor. Douglas Engelbart. O pai do rato. Obrigado, Eng, jamais nos esqueceremos de você. Conseguiu o que se propôs. Ampliar o cérebro humano. Embora, e talvez, poucos tivessem considerado esse entendimento... E até hoje a maioria não faz a mais pálida ideia de quem você é.

Se hoje, na Biosfera, além dos três ambientes originais – atmosfera, litosfera e hidrosfera, e desde a virada do milênio temos um 4º ambiente, a digisfera, já é possível começarmos a organizar uma espécie de galeria do que vamos batizar de Heróis da Digisfera.

A partir do advento do microchip, especificamente o 4004 da Intel, no ano de 1971, a Digisfera foi ganhando corpo, forma e dimensão. Mas, algumas pessoas, foram essenciais e decisivas para sua escalabilidade e total importância, possibilitando sua universalização.

Dentre os Heróis da Digisfera, pedimos licença a todos para homenagear um dos maiores gênios do século passado, Douglas Engelbart, engenheiro eletricista que partiu aos 88 anos de idade, no dia 2 de julho de 2013.

Sem a contribuição inestimável de Engelbart, tudo teria sido muito mais devagar. Quem sabe ainda estivéssemos morando e vivendo no século passado. Pior ainda, sofrendo cruel discriminação. Uma espécie de "proibido às pessoas comuns". Alguma coisa como DC – Digisfera Club – exclusivo e fechado para a galera de tecnologia.

Engelbart é o criador do mouse.

Todas as vezes que um ser humano em qualquer lugar do planeta aciona um mouse, – dezenas de bilhões de vezes a cada uma hora – em sua cabeça e coração deveria acender uma plaquinha dizendo, "obrigado, Eng!"

Engelbart e sua criação insere-se no absurdo e monumental ano de 1968, o ano que nunca terminou e provavelmente jamais terminará, e onde começam a se esboçar os primeiros contornos do Admirável Mundo Novo. O fim do primeiro tempo da história da humanidade, e a contagem regressiva para o início do segundo tempo ou ato.

De sua casa, utilizando um modem caseiro, e em videoconferência, fez a primeira demonstração de sua contribuição decisiva para a universalização e acessibilidade da principal das portas da digisfera, os computadores.

A distância, levou sua criação genial a todos os presentes na Fall Joint Computer Conference, no dia 9 de dezembro de 1968, na cidade de San Francisco.

Tudo o que queria, Gênio, era criar ferramentas que possibilitassem, segundo suas próprias palavras, "Ampliar o Cérebro Humano". Uma espécie de extensor de cérebros! Um supostamente maluco procurando criar uma ponte para um rio ou oceano que ainda não existia. Ideia essa que ganhou forma nos laboratórios da Universidade de Stanford.

Anos depois, 1984, e ao lançar o Macintosh, uma das grandes sensações era uma invenção de 16 anos atrás. Isso mesmo, a invenção dele, Engelbart, Eng, o mouse. Eng morreu em sua casa, na cidade de Atherton, no Vale do Silício. Se alguém um dia inventou a vara de pescar e deu sentido a todos os pescadores – profissionais e amadores –, de certa forma Eng é o inventor da vara de pescar que garantiu a democratização da digisfera aos bilhões de habitantes do planeta Terra. Com seu mouse. A vara de pescar do Admirável Mundo Novo. Plano, líquido e colaborativo.

Mais que valeu, Douglas Engelbart, um de nossos primeiros e gigantescos Heróis da Digisfera.

Eu sou do tempo da uva com semente...

É muito comum na conversa das pessoas alguém sacar um "Eu sou do tempo...". Do tempo do bonde, dos verdureiros, do cinema, do vinil, do papel carbono, do bambolê, da TV preto e branco e de botão, do videocassete, do retroprojetor...

Ao bonde, verdureiros, cinema, vinil, papel carbono, bambolê, nossos eternos, reconhecidos e emocionados agradecimentos pelos inestimáveis serviços prestados, mas diante de uma alternativa nova e que presta os mesmos e mais serviços de uma forma melhor, mudamos no dia seguinte. Às vezes, nós, os "desalmados", no mesmo dia. No ato.

Agora uma nova expressão começa a ganhar corpo nas conversas. Eu sou do tempo da uva com caroço. Todos nós, aqui da Madia, somos! Era um porre, grosseiro, deselegante. Enfiava-se a uva na boca e com a língua começava-se a caça aos caroços. Depois de encontrados, levávamos com a ponta da língua para o mais próximo da boca. Abríamos a boca, e com as mãos retirávamos os caroços. E íamos colocando em algum lugar. Os menos civilizados, jogavam no chão. Os mais menos civilizados, ainda, cuspiam e não se davam nem ao trabalho de fazer os caroços passarem pelos dedos.

Um dia a Embrapa – Empresa Brasileira de Pesquisa Agropecuária – talvez uma das poucas instituições públicas que vem oferecendo contribuições inestimáveis para o progresso e desenvolvimento do país – no ano de 2012, deu início a um programa de desenvolvimento genético em busca da uva sem semente.

A BRS Vitória. Abençoado nome que busca o que todos buscamos em nossas vidas. Uva preta, com baixo custo de cultivo, tolerante à chuva, e sem sementes. Em uma ou duas das primeiras safras constatou-se a sua espetacular adaptação a diferentes tipos de terra e de clima. Ótima no Rio Grande do Sul, no clima da Serra Gaúcha; ótima no semiárido do Nordeste.

Em pouco tempo passou a ser a espécie de uva dominante em Petrolina, Lagoa Santa, Juazeiro, Casa Nova, Caruaru. Nos anos seguintes a pesquisa procurou dominar o ciclo da Uva sem Semente. E conseguiu!

E assim os viticultores do Nordeste foram substituindo as espécies Crimson e Thompson pela Vitória. Vitória! Hoje definem quando a produção começa e quando termina. Dominaram o ciclo produtivo, e o planejam em função da demanda. O oposto do que acontecia secularmente, lembram, tempo de uva, tempo de caqui, tempo de pitanga...

E se as uvas com sementes eram decadentes e não estavam com nada, perguntadas, as crianças disseram que as uvas com semente eram Eeeccca-aaa... Já, as sem sementes, tudo de bom, deliciosas. Mas, mesmo antes que as crianças se manifestassem, seus pais já tinham providenciado a troca.

Ainda que custando, por enquanto, o dobro para o consumidor final, a sem semente vende tudo e a com semente encalha. Salta para o final de 2018. CEAGESP. Na parede a fotografia de 2013. Oito milhares de toneladas de uvas produzidas no Vale do São Francisco, contra 7,4 milhares de toneladas importada muito especialmente do Chile. E a fotografia tirada cinco anos depois, em dezembro de 2018. Doze milhares de toneladas do Vale do São Francisco, e 3,6 milhares de toneladas do Chile. Tendendo para zero, em 2022.

Agora, a uva brasileira prepara-se para invadir o mundo. E quem sabe, muito brevemente, o Brasil se converta num dos principais e melhores produtores de vinho do mundo. Não duvide. Mais que na hora do Brasil descobrir sua maior dentre todas as riquezas.

Como temos repetido mais que a exaustão com vocês. A Terra. O que temos embaixo da terra. Espetacular tesouro mineral. O que temos em cima da terra, onde se plantando tudo dá, e o que temos na frente da terra, uma natureza exuberante.

Esperamos, todos, viver mais alguns anos para dizer, eu sou do tempo da uva com semente. Nós e nossos queridos amigos, filhos, netos. Netos que hoje são quase moços e que nos faziam partir a uva ao meio para retirar o caroço... Se nós não atrapalharmos, se nós ajudarmos, o Brasil tem tudo para dar certo...

Contamos com todos vocês para aprimorarmos e revolucionarmos tudo, como fizemos com a agora uva sem semente...

ExOs, ou OrEx

Agora vamos refletir sobre a palavra, o código, a denominação mais instigante da atualidade, e que tem duas possibilidades. ExOs, ou OrEx.

Você escolhe, em inglês, ExOs – Exponential Organizations –, ou, em português, OrEx – Organizações Exponenciais. Uma manifestação que se tornou crescente no correr da primeira década deste milênio, mas que ganha conceituação, forma e paternidade por ocasião da fundação da SU – Singularity University – iniciativa de Peter H. Diamandis e Ray Kurzweil, diretor de inteligência artificial do Google na época, ano de 2008.

Segundo Diamandis, na introdução do livro que acabou tangibilizando sua paternidade, livro que tem por título Organizações Exponenciais, a razão de ser e de criarem a SU, a Singularity University foi a de dar vida a uma instituição de ensino com currículo atualizado da forma mais rápida e, assim, impossível de ser reconhecida pelos mecanismos formais.

Diz Diamandis que a ideia eclodiu numa palestra da Founding Conference, sediada no Ames Research Center da Nasa, Vale do Silício, no mês de setembro de 2008. Numa manifestação não prevista de Larry Page, co-fundador do Google, quase no final do primeiro dia do evento.

Ao concluir sua fala Larry Page praticamente fez uma conclamação aos mais de 100 profissionais e empresários presentes, os desafiando a criar uma instituição com o seguinte propósito: "Você está trabalhando em algo que pode mudar o mundo? Sim ou Não?". E completou, "A resposta para 99,9999% das pessoas é NÃO! Eu acho que chegou a hora de treinarmos as pessoas a dizer SIM em como mudar o mundo. E as tecnologias são o meio de fazer isso...", ou seja, no depoimento de um dos criadores da Singularity, a conclamação ou briefing foi passado publicamente por Larry Page.

Segundo Peter Diamandis, ouvindo a conclamação, na plateia, encontrava-se presente Salim Ismail. Semanas depois nascia a SU, a Singularity, tendo Salim como seu primeiro diretor executivo e, também, fundador. Assim, no livro prefaciado por Diamandis, de autoria de Salim Ismail, Michael Malone e Yuri Van Geest, na página 19, a definição para as OrEx, ou ExOs – Organizações Exponenciais.

Vamos lá: "Uma organização exponencial é aquela cujo impacto ou resultado é desproporcionalmente grande – pelo menos dez vezes maior – comparado ao das organizações convencionais, e devido à utilização de novos formatos organizacionais que se alavancam a partir de tecnologias de aceleração; assim, em vez de recorrer a um exército de colaboradores, são construídas tendo como base as tecnologias de informação, que desmaterializam o que antes era de natureza física emigrando para o universo digital e sempre sob demanda".

Sempre que surge o tema imediatamente as pessoas socorrem-se da Lei de Moore, do ano de 1971, no momento em que a Intel entregava uma encomenda feita pela indústria de calculadoras japonesa Busicom, e o VP da Intel, Gordon Earle Moore, criou essa Lei, referindo-se ao microchip. Naquele dia e momento único do século passado, entregando o microchip 4004, Moore disse, "O seu poder de processamento dobrará a cada 18 meses e terá seu preço reduzido pela metade". De certa forma, uma OrEx tem esse comportamento, em maiores ou menores proporções. Dobrar de tamanho num período de tempo curto, e reduzir substancialmente o preço daquilo que faz.

Talvez, quem mais tenha se debruçado sobre o entendimento, compreensão e decodificação das OrEx, tenha sido Ray Kurzweil. Segundo ele, foram mais de 30 anos tentando compreender e explicar o fenômeno. Diz Kurzweil que as OrEx são mais bem compreendidas a partir de quatro ângulos diferentes de observação:

1. O que Moore disse sobre os microchips, por ocasião de seu lançamento, 1971, e guardada as devidas proporções para mais e para menos, aplica-se a qualquer tecnologia de informação. Kurzweil traduz isso no que batizou de Loar – Lei de Retornos Acelerados.
2. A energia, ou combustível, que impulsiona esse fenômeno chama-se Informação.
3. Uma vez iniciado, o processo exponencial não para. Diz Kurzweil, "Usamos os computadores atuais para projetarmos computadores mais rápidos, que, por sua vez, projetarão computadores mais rápidos...".
4. E para que isso aconteça, várias tecnologias são utilizadas simultaneamente, como inteligência artificial, robótica, biotecnologia, bioinformática, medicina, neurociência, ciência de dados, impressão 3D, nanotecnologia...

Desde o primeiro dia do MadiaMundoMarketing, 1º de setembro de 1980, e lastreado nas previsões de Peter Drucker do ano de 1968, em seu monumental livro Uma Era de Descontinuidades, começamos a preparar nossa unidade de consultoria para apoiar as empresas da velha economia na travessia inadiável e desafiadora para a Nova Economia. Uma travessia que passa inexoravelmente pela Indução de uma Nova Cultura.

No correr das últimas décadas, prestávamos esses serviços através de nossa unidade de consultoria, mas, e a partir de agora, e lastreados na experiência de mais de uma centena de travessias realizadas com total sucesso, criamos um produto específico e com esse propósito. É o Projeto Tebas, que começamos a oferecer ao mercado no dia 1º de setembro de 2021 – a previsão era março, mas com a pandemia...

Se sua empresa é de porte médio para grande, e quer de forma rápida, segura e consistente, migrar para os trilhos das OrEx, Organizações Exponenciais, estamos a sua disposição para uma primeira reunião, sem nenhum compromisso.

É isso, amigos. O futuro chegou. Mais que na hora de realizar a travessia. De colocar a sua empresa dentro do contexto, espírito e ritmo da Lei de Moore.

Nem o Newseum sobreviveu

Claro, ainda muitas manifestações da chamada mídia analógica permanecem em pé. Vivas, mas envelhecidas. Resistentes, mas debilitadas. Firmes, mas pouco a pouco desfiguradas. E o museu, síntese de um século de prosperidade, muito especialmente dos jornais, fechou suas portas. Resistirão os poucos jornais sobreviventes?

Depois de 22 anos de portas abertas, o Newseum, Museu da Notícia da cidade de Washington, EUA, fechou suas portas no dia 31 de dezembro de 2019. Em verdade, e se tivessem um pouco mais de sensibilidade, seus criadores jamais deveriam ter levado adiante a ideia.

Al Neuharth, fundador do US Today, foi seu idealizador. Jornalista que Converteu a Gannett Company na maior rede de jornais nos Estados Unidos – 75 publicações – e que criou o Freedom Forum, o grande patrocinador do Newseum, e pilotado pela sua filha Jan Neuharth. Ele, Allen Harold "Al" Neuharth, 22 de março de 1924-19 de abril de 2013, nascido em Eureka, South Dakota.

O Newseum, em verdade, começa no ano de 1997, em Arlington, Virginia, e no fatídico ano de 2008, inaugura sua sede própria em Washington, num prédio que custou US$ 450 milhões, entre o Capitólio e a Casa Branca. Na cidade dos museus, Washington, até que diante da concorrência, o Newseum recebia ótimo público. Mais ou menos 10 milhões de visitantes a cada ano, e realizando centenas de eventos e conferências. Mas quase nunca conseguia cobrar o ingresso em seu preço cheio, diante da concorrência de duas dezenas de outros museus gratuitos.

Falando sobre o fechamento, Michael Hiltzik, escreveu em editorial do Los Angeles Times, que: "O Newseum teve o papel louvável de lembrar a milhões de visitantes que a história do jornalismo é repleta de glórias, mas também de malfeitos; de informação que liberta, mas de muita desinformação, também. E que a liberdade de imprensa sempre está, embora não pareça, por um fio".

No memorial do extinto Newseum dos jornalistas tombados em combate – trabalhando, figuravam três brasileiros. Tim Lopes, Vladimir Herzog e Alexandre Von Baumgarten.

Falando sobre o fechamento do Newseum, o correspondente do jornal Valor em Washington lembrou que, "Em seu melhor ano, 2017, o Newseum atraiu 855 mil visitantes. E os sucessivos déficits foram determinando cinco sucessivos cortes de pessoal. Em 10 anos recebeu injeções de capital do Freedom Forum da ordem de US$ 272 milhões sem jamais sair do vermelho. Em janeiro de 2019, e com a decisão tomada de fechar suas portas, o prédio de menos de 20 anos foi vendido para a Universidade John Hopkins por US$ 375 milhões.

É isso, amigos, a instituição que nasceu para celebrar e imortalizar os jornais morreu antes da pandemia. Assim, a pergunta que muitos se fazem é: se até o Newseum não suportou a crise estrutural que mudou para sempre a forma como as pessoas acessam a informação, alguns dos velhos e resilientes jornais resistirão?

Nós, consultores da Madia, acreditamos que sim. No máximo meia dúzia de grandes jornais, devidamente reinventados e complementados, e milhares de pequenos jornais de periodicidade semanal ou mensal, cobrindo e informando regiões específicas dos países, ou comunidades que se somam e reúnem em torno de determinados temas e assuntos.

Os jornais como conhecemos nos últimos 100 anos despediram-se como fez o museu de todos eles, o Newseum. Os que definham e sobrevivem, de forma constrangedora, se não se reinventarem diante da nova realidade, adeus.

Inovação? Que tal o pão?

Poucas manifestações, em toda a história da humanidade, passaram por processo de reinvenção permanente e intenso quanto o pão. E nos referimos ao pão em si, e não como usamos o pão com diferentes cremes, manteigas, recheios e tudo o mais.

Até 2009 e na cabeça da maioria das pessoas o pão tinha 12 mil anos de idade. Supostamente uma invenção ocorrida na Mesopotâmia, hoje, espaço de terra ocupado pelo Iraque. Até que em 2010 pesquisadores identificaram resíduos de amido em pedras milenares de moer, com uma idade aproximada entre 30 e 40 mil anos. E, desde então, passou-se a desconfiar que o pão, é muito mais antigo.

Eu, Madia, nasci na cidade de Bauru, joguei no infantil do baquinho, era treinado pelo Waldemar de Brito, e todos os dias de manhã, meu pai ia até a Padaria e Confeitaria Lalai comprar pães. Na Rua Batista de Carvalho.

Quando mudei para São Paulo, o pão era entregue pelo padeiro da Padaria Baronesa, nas esquinas da Baronesa de Itú com Albuquerque Lins. Nas madrugadas, quando voltava para casa depois da última música no Jogral, do Carlos Paraná, ao lado de Geraldo Cunha, Jorge Ben e Trio Mocotó, artistas e outras celebridades e saudosos e queridos amigos como Alfredo Rosa Borges e Paulo Vanzolini, dava uma passada na padaria Basilicata, no Bexiga, para comprar um pão italiano da fornada das 5 da manhã. Que deixava na mesa da cozinha para meus saudosos pais, claro, e sempre com um beijo.

Nos anos 1960, a reinvenção dos pães aconteceu no bairro da cidade de São Paulo onde passei a maior parte da minha vida. Obra e graça de Benjamin Abrahão, e de sua padaria com sua família na Praça Vilaboim em frente à FAAP, a Barcelona. E, de repente, não mais que de repente, da virada do milênio para cá, o fermento da inovação que sempre esteve presente na história do pão escalou!

No momento, considerando a revolução Maker, combinada com a revolução Perto, que varre o mundo, e com a valorização do orgânico, genuíno, raiz, artesanal, o pão, e respectivas padarias vivem a maior releitura de toda a história. Hoje o Brasil tem milhares de jovens padeiros arrasando.

De novo, perto da minha casa, duas manifestações espetaculares. Inclusive a Fabrique, na Rua Itacolomy, eleita pela Folha a melhor padaria de São Paulo, assinada por José Carlos Gomes, economista de uma família de padeiros portugueses, e formado pelo French Pastry School.

E os próprios supermercados correram atrás, e hoje é possível comprar-se pão de ótima qualidade em algumas das lojas do Pão de Açúcar, Carrefour, Saint Marche, e outros, e por aí vai. Semanas atrás, o Estadão, revistinha de final de semana, a D, de Divirta-se, apresentou um roteiro de 50 padarias. Mas, se quisesse poderia multiplicar por 10. Mesmo porque as tradicionais e antigas reinventaram-se e voltaram a brilhar como nos melhores tempos.

E aí vocês me perguntarão, Madia, além de nos deixar com água na boca, por que mesmo você está fazendo esse comentário? Porque o pão, amigos, sobre todos os aspectos e sentidos, talvez seja a melhor manifestação desde milhares de anos para cá, da importância decisiva e vital da Permanente Inovação. Do se reinventar, reposicionar-se, renascer, preservar-se vivo. Live!

Do inovar ou morrer. Uma referência que deveríamos usar sempre em palestras, treinamentos, e indução de uma cultura de gestão de qualidade no capital humano de nossas empresas. Que todos, o tempo todo, comportassem-se em relação ao que planejam, produzem, fazem e vendem, como padeiros e padarias vêm se comportando e no correr de milênios em relação ao pão. Reinventando permanente, incessante e obstinadamente.

Paro por aqui e agora vou dar um pulo até à Fabrique para um delicioso café e uma fatia generosa de seu pão de nozes...

CAPÍTULO 9

BALANÇO DE CATEGORIAS

As semelhanças e afinidades entre os dois maiores MARKETPLACES do mundo: AMAZON e ALIBABA. E o primeiro balanço da mais que aguardada NATURA & CO – Natura + Avon + Aesop + The Body Shop.

MERCADO LIVRE dispara, apodera-se da maior fatia de mercado, lidera os Marketplaces da região, e prepara-se para o ataque dos concorrentes. E o tal do ABRAÇO A DISTÂNCIA não faz parte do gosto e preferência das pessoas. Abraços? Juntinho e bem apertado...

As derradeiras fotografias de um modelo de negócio que chegou ao fim – automóveis. Reinvenção dos carros tanto nos combustíveis quanto na relação com as pessoas. E agora só se fala na HUAWEI – HUA de CHINA, PODEROSA, FLOR, e WEI, de AÇÃO. Numa das maiores batalhas de RP de todos os tempos.

Histórias e mais histórias de um produtor e vendedor de MEDO – JOSÉ MOJICA MARINS –, e ZOOM, uma das marcas da pandemia, que se inspirou nos desafios de um namoro a distância de seu criador, ERIC YUAN.

Aliamazonbaba: Parecenças e Afinidades

Amazon e Alibaba têm, no mínimo, duas semelhanças. Começando pelo naming. O primeiro nome escolhido por Jeff e Mackenzie Bezos para a Amazon, 5 de julho de 1994, foi Abracadabra. Expressão usada pelos mágicos. Mackenzie e Jeff escolheram esse naming para uma empresa de venda de livros pela internet. Um de seus advogados diz aos dois "a palavra não é boa, soa parecida com cadáver". Nos finalmente, encantado com o rio, com a região, e pelo fato de começar com a primeira letra do alfabeto, Amazon!

1999, Jack Ma funda sua empresa com 18 pessoas. Um ano antes, fascinado com a história de Alibaba e nos Estados Unidos, decidiu perguntar aos americanos o que achavam de Alibaba. E todos conheciam e disseram tratar-se de uma pessoa esperta, bondosa, e voltada para os negócios. Amazon seria Abracadabra, de origem Celta, e a Alibaba confirmou-se Alibaba, personagem fictícia da Arábia pré-islâmica.

A segunda coincidência, o primeiro Natal das duas empresas. Uma tragédia! Bezos nos primeiros anos vendia apenas livros. No país de um dos índices de leitura mais elevados do mundo, Estados Unidos, emplacou na decolagem. No primeiro mês recebeu pedidos de todos os 50 estados americanos, e de outros 45 países. Em 1997, faz a primeira rodada de capitalização, com 2,5 milhões de livros no catálogo e vendas de US$ 148 milhões. A partir de 1998, reposiciona-se para Marketplace especializado e passa a vender, também, CDs e DVDs. Em 2000, cria coragem e se reinventa com Marketplace genérico, "Full".

Vem o primeiro Natal, e Bezos descobre que Marketplace é muito mais que uma vitrine. E que na cabeça de quem comprava a responsabilidade era da Amazon. As vendas do primeiro Natal foram um desastre. Alguns presentes para o Natal chegaram em abril… E ainda de quebra, estoura a primeira bolha da internet. Na soma das decepções, fracassos e bolha, as ações da Amazon despencam de US$ 100 para US$ 6.

O primeiro Natal da Alibaba, em verdade, não foi Natal. Foi a criação do Dia do Solteiro. 11.11. Ideia de converter o dia dos chineses solteiros no principal momento de compras daquele país. E se a Amazon naufragou na virada do milênio, o Alibaba repetiu o fracasso no dia 11 de novembro de 2012, doze anos depois. Se o dia do solteiro já era uma realidade; o comércio eletrônico, uma mega interrogação. E de repente, parece que em 2012 eclodiu a consciência entre vendedores e compradores que o comércio eletrônico viera para ficar. E assim, todos decidiram-se por comprar e vender em 11.11.2012!

Em 11.11.11 correu tudo dentro do esperado. Do um milhão de pacotes de 2010, para 22 milhões em 2011, e a certeza que não passaria de 30 milhões em 2012. Foram 72 milhões de pacotes! A logística naufragou. Em meio ao caos, aviões, trens e navios paralisados. Equipe de entrega e carteiros trabalharam dias seguidos com poucas horas de descanso. Produtos que levariam 24 horas para serem entregues... Duas semanas...

O segundo Natal da Amazon e o segundo Dia do Solteiro da Alibaba foram perfeitos! Nada atrasou mesmo com um movimento de compras algumas vezes maior. Prepararam-se. Mais que isso, caiu a ficha de que um Marketplace é responsável pela operação toda, e não apenas em fazer a aproximação entre quem quer vender e quem quer comprar e virar as costas.

Ming Zeng, presidente do conselho da Alibaba: "Chocados com a força assustadora dos consumidores da China e apavorados diante da perspectiva de um aumento no volume de pacotes de 50%, todos, liderados pelo Alibaba, decidiram arregaçar as mangas em 2013". Investiram em infraestrutura física e tecnológica. Na véspera, 10 de novembro de 2013, a apreensão era geral. Mas, deu tudo certo! 152 milhões de pacotes entregues em duas semanas. A maior parte, em 72 horas.

Além de circunstâncias e parecenças na escolha do naming, denominação, Amazon e Alibaba jamais se esquecerão de um trágico Natal e Dia do Solteiro. Marketplace não é só aproximar comprador de vendedor e depois tapar os ouvidos... É tudo! Tudo, e muito mais!

Natura, o relatório de administração

Era grande a expectativa. Como a Natura & Co, divulgaria seus resultados referentes ao ano de 2019. O primeiro ano de uma nova companhia,

Onde, e pela primeira vez, de forma mais tranquila e consolidada, poderia apresentar não apenas os números dos balanços da Avon, Natura, The Body Shop e Aesop, como também e, principalmente, o que essas quatro grandes empresas têm ou passariam a ter em comum. E o relatório mais que correspondeu. Era o relatório da integração. Quatro em um, lembram, como nos velhos tempos dos doces em lata da Cica... Saudades!

Numa das páginas de um caderno dos jornais, e antecedendo os números, dois blocos com duas narrativas. Na primeira, os fundadores e sócios de um negócio que começou numa pequena farmácia na Rua Oscar Freire na cidade de São Paulo, comentando sobre a longa, profícua e vencedora trajetória: Eles, Antônio Luiz da Cunha Seabra, Guilherme Peirão Leal, Pedro Luiz Barreiros Passos. E ainda com a assinatura do presidente executivo, Roberto de Oliveira Marques. Cinquenta anos depois, uma grande vitória sob todos os ângulos de análise.

Nesse primeiro bloco de texto, que tem como título "Celebrando os Tempos que Vivemos", os quatro reiteram os compromissos e propósito que trouxeram a Natura até aqui e que a levarão adiante, muito mais adiante, dizem: "A aurora é lenta mas avança, dizia o poeta. É com essa natureza de esperança, de crescimento da solidariedade no mundo, que continuaremos atuando com nossas empresas. Contemplando o passado, nos orgulhamos do modo como esses quatro negócios em caminhos paralelos, se estruturaram e, no tempo devido, se encontraram. E, olhando para o horizonte, nos sentimos profundamente otimistas sobre as perspectivas de um grupo em que cada companhia preserve sua identidade e manifeste sua essência, ao mesmo tempo em que demonstre o poder de suas forças. Esta soma de energias certamente será fundamental nesse caminho de construção da melhor empresa de beleza para o mundo." Sentiram... Um aprimoramento do propósito, "a melhor empresa de beleza para o mundo".

E, no segundo bloco, a manifestação dos quatro executivos que cuidam das quatro empresas/marcas, Avon, The Body Shop, Natura e Aesop. Onde detalham todo o processo de integração do que era possível e passível de ser integrado, a independência de gestão das marcas e operações, mais a unidade de pensamento e crenças, dizem: "Entender os desafios e oportunidades impostos pelo século XXI a uma empresa que ganhou nova escala requer um tipo diferente de liderança, mais representativo, engajado e comprometido com o impacto positivo. Por isso, iniciamos 2020 absolutamente entusiasmados com o que o futuro nos reserva. Sabemos que os aprendizados dessa jornada serão enormes, mas juntos temos a confiança de que seremos capazes de encontrar um caminho comum para um futuro próspero".

É isso, amigos. A velha farmácia da Oscar Freire, 50 anos depois, é um gigante global do território da higiene e beleza. Quais os desafios que os fundadores, os executivos de cada uma das marcas consideram enfrentar daqui para frente, além da consolidação de todas as conquistas? É o que saberemos nos próximos anos, e continuaremos acompanhando, comentando, analisando, aprendendo e seguindo com imensa e forte emoção. E, porque não dizer, com orgulho da obra magistral desses brilhantes empresários.

Finalmente, uma empresa brasileira, de um território mais que complexo, competitivo e desafiador, chegou lá! Fizeram por merecer.

Mercado Livre: 200 em 20

Uma das principais caraterísticas do chamado Tempos Modernos – talvez, a maior –, é a busca incessante pelos Atalhos de Escalabilidade. Pelo acelerar e ocupar espaços! Na cabeça da maioria dos novos empresários, mais importante que lucro, é tomar conta do território. Dinheiro, ganha-se mais adiante...

Escalabilidade que possibilite, grosso modo, que uma empresa partindo do zero, e em 10 a 20 anos assuma a liderança em território supostamente inexpugnável e sob o comando e domínio de empresas tradicionais e centenárias.

Como já tenho comentado com vocês em livros anteriores, e até me referindo a um ensinamento bíblico, nessa maluquice em que se converteu o ambiente empresarial, maluquice considerando-se o ritmo e as práticas que estávamos acostumados, lembram, "muitos serão os chamados, poucos os escolhidos". Ou a uma espécie de corrida de espermatozoides, onde e dentre milhares, apenas um cruzará a linha de chegada e alcançará a desejada fecundação.

Dentre os exemplos de sucesso e que começou ontem, há pouco mais de 21 anos e hoje se converte na empresa de maior valor da América Latina, o Mercado Livre. Fundado no ano de 1999, pelo empresário argentino Marcos Galperin, com seu amigo e sócio brasileiro Stelleo Tolda, em cima de um business plan que Marcos escreveu durante o tempo em que fazia um MBA na Universidade de Stanford, e durante seu estágio no JP Morgan Chase.

Começou começando e com descomunal energia, ao menos nos propósitos. Começou grande no pensamento e na ação. E assim, em vez de nascer num único lugar e mercado decolou no primeiro ano na Argentina e, na sequência, Uruguai, México e Brasil. Diante de sua ambição e da consistência de seu business plan, em 2000 recebeu uma primeira injeção de capital da ordem de US$ 46 milhões. E jamais deixou de crescer um único ano que fosse até a abertura do capital na Nasdaq no ano de 2007.

Naquele momento, Galperin, o fundador, disse, "Somos a única empresa de tecnologia da Argentina listada na Nasdaq...".

Apenas lembrando, o Mercado Livre nasceu às vésperas da primeira bolha da internet, 2000, e sobreviveu... Mesmo que, segundo Galperin, em muitos momentos fosse dormir com a certeza de que no dia seguinte teria que fechar a empresa. Quase na virada da década de 2010, Marcos Galperin estava mais que convencido de que construíra um negócio vencedor e feito para durar.

Corta para 2021. A Economatica, empresa líder em informações financeiras na América Latina, divulgou o ranking das empresas mais valiosas da região. E pela primeira vez, e no topo, Mercado Livre. Vinte e um anos depois de seu nascimento, e de degrau em degrau chegou ao topo ultrapassando a Vale.

Assim, hoje, e segundo a Economatica, o Mercado Livre tem um valor de mercado de US$ 60 bi, seguido pela Vale com US$ 59, Petrobras, US$ 57, Itaú US$ 46, e Walmart México US$ 42.

Ou seja, como na corrida de espermatozoides, é raríssimo, mas um, ao menos um vencerá a corrida e chegará lá. E esse um, por enquanto, chama-se Mercado Livre! E que tem como receita, segundo Galperin, "planejar a longo prazo, dispor de uma ótima equipe de profissionais, privilegiar plataformas abertas que possibilitem conexões, não temer riscos, e antes de pensar em ganhar dinheiro, gerar valor...".

Tão simples quanto, mas converter em realidade é que é o grande desafio. Como cantava Beto Guedes em seu Sol de Primavera, "A lição sabemos de cor, só nos resta aprender"... A fazer.

Abraços a distância?

O festival de tolices que invadiu o ambiente corporativo – mundo e especialmente Brasil –, com pessoas apostando que daqui para frente, como cantavam Roberto e Erasmo, tudo vai ser diferente, e que a distância prevalecerá.

Esqueçam. Fake news tosca. A música dos Carlos, Roberto e Erasmo, tá certa! Daqui para frente, e passado esse pesadelo da pandemia, "tudo será diferente. Vamos reaprender a ser gente...".

Trabalhar próximos, juntos, decodificando olhares, gestos, sentimentos, pausas, expressões, não apenas através de uma telinha gelada que não comunica nada e ainda causa cegueira. Que revela, mal e parcamente, como somos, pescoço pra cima. "Mané, você desligou o botão do som...". Lembra, pessoa de verdade, cabeça, tronco e membros. Coração e mentes. Olhos e mãos. Corpo. Vida. Ao vivo, live. Presencial!

Fogo é fricção, atrito. Inovação e luz eclodem no conflito. Contrapontos, discordâncias, presenciais, sempre! Trabalho em equipe coletivo. Juntos! Pessoas têm propósito; equipes, missões. Propósito se cultiva e pesquisa a distância. Talvez. Missão cumpre-se, presencialmente, coletivamente, de mãos dadas, gritos de guerra e sob intensa emoção.

Pergunte às pessoas que vinham trabalhando assim antes da pandemia, o que acham, o quão são tristes e sentem-se ignorados? Você já conversou com um faroleiro, isso mesmo, aqueles solitários que passam a vida morando num farol no meio do mar... Ou com o porteiro da noite de seu prédio, guarda-noturno, zelador de cemitério... Tudo o que era possível de ser feito a distância, e diante da impossibilidade física ou econômica de se fazer pessoalmente, já vem funcionando dessa maneira há anos e décadas. A pandemia não muda a essência do que quer que seja. Nem do trabalho, nem das pessoas, nem da vida.

Assim, e em partindo, todos correndo para o abraço. Tô com Érick Jacquin e não abro. Com a reabertura dos restaurantes, o tal do delivery de luxo, tende a voltar, em no máximo um mês, ao que sempre foi e era antes da pandemia. A zero!

Não existe restaurante a distância, não existe delivery para restaurante de verdade. Bobagem. Esqueçam. Assim como não existe educação a distância para crianças.

O sentimento geral dos chefes de cozinha é que tiveram que fechar os olhos e adotar as marmitas por sobrevivência. Perguntaram ao Érick Jacquin, chef consagrado, se pretende manter o delivery, depois da pandemia. Quase voou na jugular do jornalista. Urrou, "Não! Chega! Isola! E o momento é de resgatar o restaurante, um negócio verdadeiro e único. Tive prejuízos durante todo esse período, e o delivery, cá entre nós, é a maior dor de cabeça. Quando a embalagem chega revirada ninguém liga para o aplicativo de entregas pra reclamar. Ligam para o Jacquin... Além de assassinar verdadeiras obras de arte, delícias, prazeres...". O tal do delivery é qualquer outra coisa, menos, restaurante.

O mundo levou séculos para criar o descanso do domingo. Outros 50 anos para muitos negócios, muito especialmente com o prevalecimento da sociedade de serviços, da tal da semana inglesa, semana de cinco dias. É isso. Quem sabe alguns negócios, depois de anos ou décadas, possam considerar algumas semanas de quatro dias por ano. Quem sabe a última do mês.

Repita comigo, por favor: Não existe trabalho a distância. Existem atividades que só podem ser realizadas a distância, e a tecnologia facilitou e em muito todas essas. Mas essas pessoas que não têm outra alternativa são, no mínimo, tristes. Parcela expressiva, depressivas. Alguns, no desespero, preferiram partir... Peço demissão e tô fora desse tipo de vida; vou procurar outras pessoas que têm a estranha mania de gostar de pessoas. Enquanto é tempo, e a sandice não tomou conta do mundo.

Assim, todos correndo para o abraço, amanhã.

Ou você acredita ser possível, também, o abraço a distância?

A última fotografia, ou nada é para sempre...

"É a última e derradeira fotografia?".

É a pergunta que se faz sobre a frota de veículos dos países, incluindo o Brasil, e muito especialmente, em relação aos automóveis? "Sim, é!" Em dezembro de 2020 despedimo-nos do primeiro capítulo do business de automóveis em nosso país. E, de certa forma, em todo o mundo. Agora, começa o segundo. Última foto de um período da história, desde que Henry Ford, há mais de 100 anos, conseguiu fazer seu fordinho preto rodar em termos econômicos.

Especificamente em relação ao tamanho da frota o Brasil possuía em dezembro de 2020, 38 milhões de automóveis em circulação. E no conjunto dos veículos de quatro ou mais rodas – automóveis, caminhões e ônibus –, a frota era de 46 milhões, a sexta maior do mundo.

E a primeira e grande e radical mudança no tocante à relação entre veículos e pessoas acontecerá com os automóveis, mesmo porque caminhões, caminhões leves e ônibus, as mudanças serão muito mais na melhoria e aperfeiçoamento dos veículos do que na relação.

Repetindo, batendo nos 46 milhões, o Brasil tem a 6ª maior frota mundial. Perdendo para os Estados Unidos, 264 milhões, China, 172 milhões, Japão, 77 milhões, Rússia, 51 milhões, e à frente de uma Alemanha, 8 milhões.

O melhor momento da década passada foi o ano de 2012. Talvez a derradeira fotografia de uma suposta prosperidade, onde as montadoras construíram seus planejamentos e investiram muitas dezenas de bilhões de reais, e que foi quando Dilma Rousseff decidiu escancarar as porteiras, reduzindo juros e aumentando prazos artificial e irresponsavelmente, na patética e constrangedora Nova Matriz Econômica, fazendo com que se vendesse 3,7 milhões de automóveis no Brasil. E assim, e naquele momento, tomadas pela euforia e irracionalidade, as empresas olharam para 2020 e cravaram, "vamos produzir e vender sete milhões de automóveis"!

E desde então quedas atrás de quedas até culminar com 2020, onde se pensava em sete milhões de unidades, e mal bateu nos três milhões.

Menos da metade do previsto... Assim, os sete milhões dos sonhos ficaram para trás, e até mesmo os 3.160 milhões da previsão de março de 2020 não foram alcançados...

Portanto, amigos, não seria exagero afirmar-se ser essa de dezembro de 2020, a derradeira fotografia de uma indústria automobilística que cumpriu um longo ciclo de mais de 100 anos, e que agora mergulha em uma revisão, mais que revisão, reinvenção radical em busca da relevância e da sobrevivência.

Em maiores ou menores proporções, e na medida em que mergulhamos num mundo absolutamente novo e desde a criação do microchip, no ano de 1971, todos os setores de atividades, todos os negócios, todas as empresas, mais dia ou menos dia, mergulharão inexoravelmente num processo de renovação, reposicionamento, ou reinvenção mesmo, radical. E é por onde começa a se escrever o segundo capítulo da história da indústria automobilística, e do negócio do automóvel.

O tal do ciclo da vida, como nos ensinou O Rei Leão...

HU – A – WEI, aprendam a falar, acostumem-se com essa marca...

É suficiente proceder à leitura naturalmente. HU A WEI! Vem aí uma das maiores guerras de todos os tempos. E uma das principais empresas protagonistas – talvez a maior de todas – é chinesa que nasceu há pouco mais de 20 anos. Ren Zhengfei passou sua infância e adolescência numa cidade de montanhas, parecida com Campos do Jordão, na província de Guizhou, China. No ano de 1963, 19 anos de idade, passa a estudar no consagrado Instituto de Engenharia Civil e Arquitetura de Chongquing, o que faz com que muitas pessoas coloquem em dúvida sua origem humilde. Ren, responde, "tínhamos sal para cozinhar, por essa razão pensavam que éramos ricos...".

Toda a primeira parte de sua vida profissional trabalhou como engenheiro de tecnologia militar no Exército de Libertação Popular, braço armado da China comunista. Assim, e com mais de 40 anos, decide empreender. Batiza sua empresa como Huawei. Hua de China, poderosa, flor. Wei de

Ação. China, Flor Poderosa em Ação. Mais ou menos por aí. Ou, se preferirem, um sonoro Grito de Guerra. *"H-U-A-W-E-I!"*.

Ren é produto da Nova China, a de Deng Xiaoping, após a morte de Mao Tse-Tung. No início a Huawei importava PBX de fabricantes de Hong Kong. Meses depois passa a produzir seus próprios modelos, tendo em pequenas empresas seus principais clientes. Cria a área de pesquisa e desenvolvimento no início dos anos 1990, e qualifica-se como um dos principais fornecedores do governo chinês em seu território de atuação. Há 23 anos, 1997, Ren decide conhecer alguns dos principais players do território de atuação da Huawei. E constata a grande distância que sua empresa encontrava-se. No ano seguinte fecha uma parceria com a IBM, e de quem recebe os serviços de consultoria com o objetivo de converter-se em importante player no mercado mundial.

Antes da virada do milênio monta seu primeiro laboratório de pesquisa na Índia. Mergulha sua Huawei em transmissão e telefonia. Investe em redes e conectividade. Aos poucos instala novos laboratórios na Holanda, Canadá, Estados Unidos e Suécia. Cria a divisão mobile em 2003. O primeiro produto é o C300. Em 2005 sai na frente com um modelo próprio de 3G. Pontifica pelo binômio qualidade e preço. Ingressa nesta década já considerada como uma das 3 maiores fabricantes globais de smartphones. O Huawei C8500, alcança a marca de um milhão de unidades vendidas em menos de 100 dias e apenas na China. O resto é história. Ren Zhengfei, seu principal acionista, tem menos de 2% do controle da empresa.

Anos atrás, dezembro de 2019. Huawei convida jornalistas da América Latina mais Espanha para uma primeira entrevista de Ren. Maria Cristina Fernandes, do jornal Valor, encontra-se presente. No relato de Maria Cristina, às 13h55m Ren chega para a entrevista. Diz Cristina, "Ex-oficial do Exército de Libertação Popular nos anos 1980 quando a China decidiu reduzir seus feitos militares, Ren, 75 anos, permanece integrante do partido comunista que aproxima-se de superar o antigo da União Soviética em permanência no poder."

Ren abre a entrevista afirmando, "Os Estados Unidos tratam a América Latina como seu quintal. Nosso objetivo é ajudar o continente a sair dessa armadilha e manter a soberania dos países". Deu pra entender a dimensão da encrenca que vem pela frente?! Um dos principais empresários da nova China enfiando o dedo nos Estados Unidos e fazendo uma acusação de tamanha gravidade. E, numa espécie de declaração de guerra vai detalhando...

- "A América Latina foi colocada numa armadilha desde a doutrina Monroe...".
- "A China investe na América Latina, mas a soberania permanece com cada país...".
- O discurso de guerra de Ren está tão ensaiado que tem manifestações específicas para cada um dos países presentes, como – diz Ren em relação a nosso país...
- "O Brasil é um grande país. Não entendo porque Deus deu tanto a um único país. Sempre fico impressionado quando vou ao Brasil com as riquezas naturais...".
- "Com distribuição de riqueza pelo governo e o desenvolvimento tecnológico das empresas, o brasileiro poderá se dedicar mais ao samba, que nunca poderá ser substituído pela inteligência artificial...".

Uma afirmação meio para boba ou ingênua, de certa forma até, e para alguns desrespeitosa, mas forte, consistente e, cá entre nós, verdadeira. Portanto, amigos, a guerra está apenas começando. Vamos acompanhar todos os dias, detalhe por detalhe porque todos nós e nossas empresas, em maiores ou menores proporções, seremos impactados. Mesmo sendo uma guerra silenciosa, ainda que cruel, em alguns momentos muitos movimentos acontecem de forma clara e ostensiva, até porque terão como objetivo conseguir a simpatia da opinião pública.

No ano retrasado, por exemplo, quando Ren encontrava-se na Argentina, sua filha Meng Wanzhou, principal executiva financeira da Huawei foi detida em Vancouver, Canadá, sob acusação de ter violado as sanções comerciais impostas pelos Estados Unidos. A partir desse movimento mais ostensivo, seu pai, Ren, tem evitado sair da China. E assim, e na guerra de comunicação que só cresce e sobe de tom, na medida em que não sai mais de seu país, Ren leva a imprensa mundial a seu encontro. Desde a prisão de sua filha e até o final de dezembro de 2019, a Huawei já levou mais de 3.000 jornalistas do mundo inteiro a sua sede para conhecer sua visão, opinião, posicionamento e planos. Todos os encontros estão documentados e convertem-se em livros. Até agora três livros: "Entrevistas à Imprensa – Palavras de Ren".

No final da entrevista, segundo Maria Cristina Fernandes do jornal Valor, "Ren repetiu a ideia de que os equipamentos de sua empresa não têm ideologia, apenas conduzem informação. No correr das duas horas de sua entrevista disse ser a Huawei totalmente independente do governo chinês, e repetiu... A China quer contribuir para a América Latina, e que é o melhor lugar do mundo...".

Na nossa infância, nós, os mais velhos, acostumamo-nos com o bordão dos domingos que dizia: Silvio Santos Vem Aí... A China já chegou e, aconteça o que acontecer, existe uma nova história do mundo sendo escrita...

De como ganhar a vida vendendo medo!

Hoje vamos homenagear um brasileiro que transformou um galinheiro em estúdio e reinou na escuridão das sombras e do sobrenatural pop. Se as pessoas revelam-se ao nascer – são raríssimos os casos – José Mojica Marins é um desses. Chegou ao mundo numa sexta-feira 13, março de 1936. Isso mesmo, sexta, 13! No galinheiro de sua casa, com uma câmera que ganhou de seu pai, fazendo o casting na vizinhança, rodava seus primeiros ensaios cinematográficos. Paupérrimos, mas verdadeiros.

André Barcinski, jornalista, roteirista e diretor de TV, crítico de cinema e música da Folha, que viveu muitos anos e aventuras ao lado de Mojica Marins vai direto ao ponto e diz, "A força e magia das fábulas criadas por Mojica não chegam perto de sua história maior, sua própria vida".

Barcinski conviveu com Mojica durante 35 anos. Viajou com Zé do Caixão pelo mundo, frequentando e cobrindo festivais, e testemunhou cenas inacreditáveis. Com Mojica sendo reverenciado por Paul Schrader

(Taxi Driver) por seu filme O Despertar da Besta. Ou alguns roqueiros famosos como Rob Zombie e Johnny Ramone que, literalmente, se ajoelharam diante do Zé. E cineastas de grande currículo parecendo quase colegiais na presença do ídolo...

Um dia Mojica tem um pesadelo. Ano, 1963. Ele com 27 anos. No sonho, Mojica era arrastado para uma cova com um homem todo de preto e que era ele mesmo... Acorda e decide incorporar o personagem que protagonizou no sonho. Converte-se no coveiro Josefel Zanatas, mais conhecido como Zé do Caixão. Nasce o gênero "horror brasileiro".

Em 2013, quando comemorava os 50 anos de Zé do Caixão, contou ao jornal O Globo que, "O nome Josefel veio de um cara que eu conhecia e que mexia com defuntos, um agente funerário chamado Josefel. Zanatas era brincadeira com Satanás...".

A personagem decola no filme de 1963, À Meia-noite Levarei sua Alma. E ganha corpo e institucionaliza-se na sequência com Esta Noite Encarnarei no Teu Cadáver... Seus filmes de maior sucesso passaram de pouco mais de 1 milhão de ingressos, mas tornaram-se uma referência na história do cinema brasileiro e mundial.

A ideia de Zé do Caixão era completar a trilogia com o filme Encarnação. Mas, além da censura, o filme foi sofrendo percalços pelo caminho. No ano de 1987, o produtor Augusto de Cervantes decide retomar a obra, mas, morre por infecção pulmonar. Na sequência, outro produtor, Ivan Novais chama para si essa missão. Marca um almoço com Zé do Caixão para fechar o contrato. Decide preparar uma peixada para o amigo, sente-se mal durante e também morre... Finalmente Encarnação é concluído, contando no casting com Jece Valadão.

Na última etapa de sua trajetória, Mojica ganhou espaço na televisão, e teve sua obra reconhecida em vida. No Festival de Sundance de 2001, Zé do Caixão mereceu uma retrospectiva de sua obra. E deu seu depoimento: "Estava meio sonolento, entre dormindo e acordado, e foi aí que tudo aconteceu: vi num sonho um vulto me arrastando para um cemitério. Logo ele me deixou em frente a uma lápide, lá havia duas datas, a do meu nascimento e a da minha morte. As pessoas em casa ficaram bastante assustadas, chamaram até um pai de santo por achar que eu estava com o diabo no corpo. Acordei aos berros, e naquele momento decidi que faria um filme diferente de tudo que já havia realizado".

José Mojica Marins, deixou sete filhos, doze netos, e uma obra única. E um dos melhores exemplos de muitos dos 50 dos Mandamentos do Marketing. Preferimos relacioná-lo ao mandamento de número 44: Além de Inovar, é Preciso Coragem e Determinação. Coragem e determinação para sobreviver, prosperar e consagrar-se, vendendo um mesmo e único produto: o medo.

Zoom, uma das marcas da coronacrise

Nos últimos 180 dias, o simpático e competente criador do Zoom, vem somando alguns bilhões de dólares, no valor de mercado de sua empresa.

Só nos últimos 60 dias, enquanto parcela expressiva de ações das demais empresas derretiam nas bolsas de todo o mundo, as ações da plataforma Zoom subiram 50%. Antes da pandemia, a Zoom valia US$ 29 bi. Hoje, US$ 44 bi, a caminho dos US$ 50.

Eric Yuan tem uma boa história para contar sobre sua ideia de criar o Zoom. No ano de 1987, Eric vivia com uma querida namorada na cidade de Shandong, com quem mais tarde acabou se casando e tem hoje três filhos. Dez horas de trem para visitar a namorada.

Pensou, se eu tivesse um aplicativo que possibilitasse comunicar-me a distância sem precisar da viagem... 24 anos depois, no ano de 2011, decidiu colocar a ideia em pé.

Antes da pandemia sua plataforma Zoom tinha 10 milhões de usuários. No final de março de 2020, um mês de pandemia, 200 milhões; no final de abril, 300 milhões... E não parou de crescer até hoje...

Na relação dos bilionários de Forbes, Eric Yuan agora ocupa um lugar de destaque. Declarou à revista Forbes, "Levei 34 anos desde ter a ideia e mais 9 para colocá-la em pé, para fazer sucesso da noite para o dia...", da noite para o dia em todos os países as pessoas descobriram que precisavam de uma ferramenta como o Zoom... E, a partir de então e até agora, "Zooommmmmmm...".

Yuan nasceu na região leste da China, na província de Shandong. Filho de engenheiros especializados em mineração, tentou entrar por oito vezes nos Estados Unidos, mas teve o visto negado. Fez mestrado na China, trabalhou no Japão, e motivou-se depois de ouvir, presencialmente, uma palestra de Bill Gates.

Chegou à Califórnia em 1997, com 27 anos, e só falando duas dúzias de palavras em inglês. Trabalhou para a Cisco e, no ano de 2011, apresentou o projeto do hoje Zoom para a empresa que não se interessou. Ouviu, "esquece, não tem futuro, esse lugar já está ocupado pelo Skype...".

Pediu demissão, já era VP de engenharia da Cisco, e decidiu correr atrás do sonho. Recorreu ao financiamento de amigos, da família, e finalmente conseguiu sensibilizar outros investidores.

O resto da história todos vocês estão acompanhando e, quase todos os dias, nós, recorrendo ao Zoom para todas as reuniões de trabalho a distância... Assim, e pela força das circunstâncias, mas com total merecimento, Zoom, uma das marcas que vicejou, prosperou e se consagrou nesta terrível coronacrise.

Zoom, uma das marcas da crise. Talvez, a grande marca da crise. Depois, bem, depois é depois; mas, durante, mais que brilhou.

Foi Zooommmmmmmm!!! Sem Parar!

CAPÍTULO 10

MARKETING LEGAL

BRASIL, o país de praias lindas, natureza exuberante, milhão de advogados, milhares de faculdades de direito, e a praga da judicialização. E as tardes de domingo da TV RECORD, seu auditório da Rua da Consolação, e os direitos autorais de ROBERTO E ERASMO.
O ano de 2019, entrou para a história tendo como uma de suas principais marcas três produtos patéticos. Um smartphone que dobra e quebra – SAMSUNG –, um avião que decola e cai – BOEING 737 MAX –, e um carro que pega fogo, ONIX PLUX – GM. Enquanto a LOGÍSTICA REVERSA vai se institucionalizando em nosso país.

Muitas empresas, insistem de forma burra e desrespeitosa, em comprar talento, criatividade, conteúdo e branding, como se fossem prego, parafuso, porca e rebimboca. Enquanto outras ignoram as obrigações e deveres de jamais negligenciarem no chamado SHELF LIFE.

Sob os olhares complacentes da polícia brasileira, hoje os cigarros paraguaios – contrabando grosseiro – detêm 57% de todo o mercado brasileiro dos que insistem, estupidamente e através dos cigarros, em cometerem suicídio, homeopaticamente, ou de bituca em bituca. E até hoje ninguém consegue explicar, quanto mais entender, porque a JOHNSON & JOHNSON foi tão negligente com seu talco infantil...

Judicialização – o risco inerente à aviação comercial no Brasil

Uma das mais graves doenças que acomete a sociedade brasileira, de uma forma geral, é a mania, ou cultura, de tentar resolver tudo na Justiça. Conclusão, a justiça não resolve absolutamente nada, mas encontra no acúmulo de demandas, razões e motivos para justificar aumentos de quadros, criações de mais varas, contratações de mais funcionários, mais vagas para juízes e, acima de tudo, mais serviços para os milhões de advogados que inundam nosso país.

Num país onde o principal tribunal da Justiça, além das supostas violações à Constituição, julga ladrões de galinha e briga de galo. E tem 1.261 funcionários, 396 estagiários, 959 terceirizados... 222 funcionários para cada um dos 11 ministros... E dentre os terceirizados, 85 secretárias, 85 bombeiros, 27 garçons, 58 motoristas...

Dizem que têm algumas coisas que só existem no Brasil tipo jabuticaba, o que, claro, não é verdade. Existe jabuticaba em outros lugares... Mas, o surto de advogados que se abateu sobre a sociedade brasileira nos últimos 50 anos, essa é uma verdade absoluta e definitiva.

Em nosso país existem 1.406 faculdades de direito. Na soma de todos os demais países do mundo, 1.200. O Brasil sozinho tem quase 20% a mais de faculdades de direito do que todo o restante do mundo somado! Caminhamos aceleradamente para o número de 1,2 milhão de advogados. Nenhum outro país chega próximo. E que projetados nos levarão a 2 milhões de advogados no ano de 2032.

Assim, e como os advogados têm que comer, passam o tempo estimulando todos a brigar na justiça... Conclusão, a situação é tão dramática que vem constrangendo e incomodando os verdadeiros profissionais da Justiça.

Um dos melhores piores exemplos do que acontece no Brasil, além da judicialização em quase tudo, especialmente na saúde, é no setor aéreo. É tão grotesca e pornográfica, que até a OAB-Rio, constrangida, decidiu se mexer, caracterizar o problema, identificar as causas, e tentar punir os irresponsáveis.

De cada 100 voos, por exemplo, que neste momento, e enquanto você lê este texto, cruzam os céus do Brasil, oito deles não terminam com o desembarque e turbinas apagadas. Seguem na justiça! Esses são os dados oficiais da OAB-Rio. E claro, ações essas totalmente estimuladas por escritórios de advocacia que se especializaram em atiçar os consumidores contra as empresas aéreas. Os tais advogados e escritórios de portão de desembarque...

Falando em nome das empresas, Eduardo Sanovicz, presidente da ABEAR – Associação Brasileira de Empresas Aéreas – detalhou o caos em que vivemos: "No Brasil, 85% dos voos saem no horário. Nos Estados Unidos, por exemplo, esse índice é de 82%. No entanto, no Brasil, em 2018, foram ajuizados 64 mil processos contra as empresas aéreas. Em 2019, esse número superou os 110 mil. Já nos Estados Unidos, o número é 800 vezes menor que no Brasil...". Conclusão, no Brasil, além de todos os desafios que as empresas aéreas enfrentam em todo o mundo, o que torna esse business o mais arriscado de todos, ainda temos o tóxico aditivo da judicialização.

E quem paga essa conta... Claro, os passageiros, já que não existe mágica na economia, nos negócios e na vida. A judicialização hoje é parte importante do preço das passagens em nosso país.

E agora, então, e com o retorno das empresas aéreas do território do Low Cost, as que cobram mais barato e na passagem só está incluída a viagem, tudo o mais tem de ser pago a parte, – por isso, Low Cost, – milhares de novas ações na justiça de pessoas indignadas porque tiveram que pagar pelas bagagens, comida, marcação de lugares, e tudo o mais. Claro, insufladas por advogados que precisam descolar uma grana para o jantar... Quando tudo voltar à normalidade, quando os aviões retomarem os voos regulares, e superada a pandemia, restará o vírus da judicialização. Sem nenhuma vacina à vista.

E assim seguimos nós, num processo simplesmente patético e absurdo, pagando os bilhetes mais caros do mundo, para garantir a janta dos 2 milhões de advogados que teremos em 2032...

Gincana Kibon, ou como legislar por antecedência

No que se basear sobre negócios que jamais imaginávamos viessem a existir? Esse é um dos maiores desafios da transição do velho para o admirável mundo novo. O monumental abismo dos tempos que vivemos entre a nova realidade, e a mais que necessária regulação. Mas, leva tempo, e enquanto isso...

Nos finais das tardes de domingo, na TV Record na subida da Consolação que era ainda uma rua e não uma mega avenida como hoje, embora preserve rua no nome, e tentando ocupar um espaço decorrente da proibição da transmissão dos jogos de futebol e, simultaneamente, encontrar um substituto para um dos programas de maiores sucessos junto à família brasileira na época, a Gincana Kibon, que estreou no dia 17 de abril de 1955, sob o comando de Vicente Leporace e Clarice Amaral, a agência de propaganda Magaldi, Maia & Prosperi decide criar o programa Jovem Guarda. Inspirado na frase de Vladimir Lenin, "O futuro pertence à jovem guarda porque a velha está ultrapassada". Mais ou menos o que se diz hoje, também, e novamente...

E como recheio e conteúdo do novo programa prevaleceu uma galera originária do Rio, que se mudou para São Paulo, indo morar na rua Albuquerque Lins, baixo Higienópolis, e sob a liderança de Roberto e Erasmo Carlos, mais Wanderléa e convidados: Ronnie Von, Eduardo e Silvinha Araújo, Wanderley Cardoso, Jerry Adriani, Martinha, Vanusa, Leno e Lilian, Evinha, Deny e Dino, Paulo Sérgio, Reginaldo Rossi, Antônio Marcos, Kátia Cilene, Os Incríveis, The Fevers e muitos e outros mais. E aí Roberto e Erasmo fortaleceram os laços de amizade e mergulharam em sucessivas composições de sucesso.

Tudo o que existia naquele momento eram os 78 rpms, mais os Long Plays, e ninguém, absolutamente ninguém, conseguiu imaginar que plataformas de distribuição de músicas seriam totalmente outras, a partir da virada do milênio. Assim, nada, absolutamente nada do que existe hoje, encontra-se previsto nos contratos de direitos autorais celebrados na época.

Conclusão, desde a virada do milênio para cá brigas e mais brigas referentes aos direitos de exploração comercial nas novas plataformas. Neste momento, por exemplo, Roberto e Erasmo tentam rescindir na justiça um contrato de edição de 73 músicas compostas entre 1964 e 1987, com a Editora Fermata. Na ocasião, todos os direitos foram transferidos pela dupla à Editora. Mas, sobre as possibilidades existentes naquele momento, o contrato de cessão jamais poderia contemplar o que não existia... Paro por aqui e acho desnecessário entrar em mais detalhes.

Vivemos uma ruptura. A cada dia que passa, cada vez mais, com maior intensidade, os formatos de utilização de propriedades e direitos autorais por novas formas e possibilidades serão contestados por todos os envolvidos. E isso alcança negócios de todos os setores de atividade. Conclusão, no território da justiça e dos direitos das diferentes propriedades intelectuais, seguiremos caminhando nas trevas durante no mínimo duas décadas, a menos que algum tribunal consiga em alguns dos processos que chegue até o final, estabelecer algum tipo de Súmula Vinculante. Caso contrário, continuar caminhando, assumindo riscos, e diante de todos os possíveis acidentes de percurso, partir para acordos entre as partes.

Hoje, mais que nunca prevalece o aforismo, "mas vale um mau acordo que uma boa demanda", muito especialmente num país onde via de regra as grandes contendas seguem vivas enquanto seus possíveis beneficiários já partiram há décadas... Um mau acordo que ponha fim a um conflito é infinitamente melhor que uma guerra sem nenhuma perspectiva de algum final, qualquer final...

Assim, se era impossível imaginar-se o que viria pela frente, absolutamente impossível alguma das partes ter procedido de má-fé. Portanto, antes que o dia escureça, a noite chegue e a vida acabe, nada melhor do que um acordo salomônico entre as partes, tipo 50 x 50, e todos que se deem por felizes pelo dinheirinho mais que extra que caiu do céu, graças e obras da Santa e Abençoada Tecnologia...

"E que tudo mais vá pro inferno...".

Os três grandes vexames de 2019

Carros que incendeiam.
Smartphones que dobram e quebram.
Aviões que caem.
Os Grandes e Lamentáveis Vexames de 2019.

Dois deles, criminosos. Tentando explicar porque a GM teve de decretar um recall radical e emergencial de seu novíssimo modelo Onix Plus, e se teve um erro de projeto ou no processo de desenvolvimento, Marcos Munhoz, Vice-Presidente Executivo da empresa, declarou:

"Erro de processo não. Houve uma conjugação de circunstâncias. Uma condição que não tínhamos experimentado antes. Tomamos decisões importantes. Mandamos um comunicado para o governo, dizendo: Temos um Problema. É a lei, temos dez dias para investigar, mas resolvemos tomar uma atitude no ato... O software não estava cumprindo suas funções... Autorizamos nosso pessoal a reescrever as linhas do software e corrigir o erro... Mandamos um comunicado para a rede concessionária que dizia que não entregassem mais nenhum carro para os clientes, que iríamos recolher todos os carros já entregues e oferecer uma solução de mobilidade... E para tanto recorremos à Localiza, que vem sendo uma grande parceira...".

Tudo perfeito, mas, não consistentemente explicado. Erro inaceitável virou agora "Conjugação de Circunstâncias...". Em verdade, a GM negligenciou em todos os testes e assumiu riscos desproporcionais. Felizmente não existe até hoje o registro de mortes, mas mesmo assim, arcou com um gigantesco prejuízo. Foi açodada, irresponsável e acabou colhendo o que era mais que previsível se devidamente testado, e desembocando nessa vergonha monumental.

De certa forma, ainda que em menores proporções e sem mortes, a GM Brasil incide no mesmo erro da Boeing com o seu Boeing 737 Max, e da Samsung com o smartphone Galaxie Fold...

O provérbio popular clássico, irreverente e resvalando pelo escatológico para comportamentos como esse segue sendo – A PRESSA PASSA, A MERDA FICA.

Assim, o ano de 2019 encerrou-se tendo o Boeing 737 Max que está proibido de voar porque cai; o Smartphone Galaxie Fold da Samsung, o Dobrável, que dobra e... quebra, e que foi relançado prometendo que não vai quebrar mais; e o Onix Plus 2020, que logo após seu lançamento passou a frequentar as redes sociais pegando fogo, como os três piores e maiores erros do ano.

O pior, claro, o da Boeing que já estava levando a empresa, fornecedores e dezenas de empresas aéreas em todo o mundo, literalmente, à falência. E ainda passou a enfrentar, a partir de março de 2020, para afundar de vez, a tal da Covid-19...

A pressa passa, e a merda fica.

Logística Reversa

Até o final do século passado, em 99% das situações, colocava-se o que não se queria mais no lixo, e fechava-se os olhos, tapava-se os ouvidos, e continha-se a respiração para não correr o risco de ter que tomar conhecimento do estrago provocado. Uma vergonha. Ignorância. Selvageria. Irresponsabilidade. Éramos absolutamente lamentáveis.

Nos anos 1990, era recorrente nos depararmos com sofás, fogões e geladeiras velejando nas águas detonadas e apodrecidas dos rios que cortam a cidade de São Paulo, por exemplo. E foi então, no início do novo milênio que começaram a se formar as empresas de Logística Reversa. Hoje, e antes de lançarmos ao lixo o que quer que seja, se temos um mínimo de consciência, corremos atrás de informações para sabermos qual a forma correta do descarte. Assim, a logística reversa vai se adensando, ganhando corpo, e convertendo-se em um business. Quem sabe mais adiante, num Big Business.

Dentre os Lixos Desejáveis, os eletrônicos são os mais disputados. Pelo valor residual, e pelo porte relativamente pequeno de notebooks, impressoras, eletrônicos de escritórios, eletrônicos domésticos de pequeno porte, câmeras, cabos e carregadores, ferramentas elétricas, e por aí vai.

Dentre as novas empresas desse território, a Green Eletrônica, gestora do programa de logística reversa dos associados da Abinee – Associação Brasileira da Indústria Eletro e Eletrônica. Foi criada no ano de 2016 em atendimento à lei 12.305/2010, que trata da Política Nacional de Resíduos Sólidos. Embora de iniciativa dos associados da Abinee, está aberta a todas as demais empresas que queiram aderir aos seus serviços.

Tudo começou com a necessidade de atender o descarte de pilhas, baterias e eletrônicos. E depois, a lista de produtos resgatáveis foi crescendo. Toda essa introdução para comentar sobre seu crescimento... Que dia após dia a logística reversa vai ganhando corpo em nosso país.

Nos 60 dias anteriores à pandemia, a Green aumentou em mais de 50% os pontos de coleta. De 104 de dezembro para 172 em fevereiro. Dentre as empresas parceiras da Green, a Kalunga, Makro, Pontofrio, Senac, Sesc, Tenda, ViaVarejo, Carrefour, Bahia, Extra, Pão de Açúcar...

Assim, e daqui para frente, antes de lançarmos qualquer coisa onde quer que seja, antes de acusarmos políticos e gestores, e culpar outras pessoas e instituições, sempre recomendável uma pequena pergunta. Pergunta que cada um de nós sabe qual é, e que a maioria de nós recusa-se a enfrentar e muito menos responder.

Temos feito a nossa parte?

Prego, parafuso, roela, rebimboca

De uns anos para cá, mais ou menos duas décadas, com a multiplicação das áreas de compras nas empresas, a ignorância tomou conta do ambiente corporativo. Uma espécie de epidemia de burrice crônica e acelerada.

E assim, por total falta de sensibilidade e inteligência, as empresas tentam comparar e equiparar trabalho intelectual, onde existe um autor e sua equipe assinando e se responsabilizando, e que, se de qualidade, é único, exclusivo, e absolutamente impossível de comparação.

Ou a empresa convence-se de que verdadeiramente precisa do conhecimento e competências daquela empresa prestadora de serviços e a contrata, ou arrisca-se a uma concorrência sem o menor sentido, e cujos resultados, em mais de 90% das situações, conforme todas as estatísticas comprovam, serão simplesmente desastrosos.

Muito especialmente quando a empresa busca um prestador de serviços para integrar seu time, fazer parte da equipe, agregar-se e agregar ao seu capital humano, por um tempo maior, e não apenas para uma ação ou desafio específico.

Recentemente fomos procurados por uma empresa que chegou até nós mediante mais de uma dezena de recomendações, com um desafio grande pela frente, mais que carecendo de orientação e nos pedindo uma proposta por nossos serviços de consultoria. Sem nenhum problema, sempre que solicitados e nos julgamos capazes de corresponder às expectativas e prestar serviços, preparamos e apresentamos propostas.

No final de toda a conversa, no entanto, e empolgado com tudo o que viu e ouviu, o profissional pediu a proposta. Mas... Que a encaminhássemos à área de compras porque tudo, absolutamente tudo na sua empresa, de cadeira, ventilador a vaso sanitário, incluindo gente: médicos, arquitetos, consultores, precisava passar por concorrência.

De forma delicada e sensível, agradecemos muito pelas referências que coletaram sobre nossa empresa, por terem nos procurado, manifestamos nossa felicidade por poder contar sobre nossa forma de trabalhar tangibilizando e qualificando nossas credenciais, mas disse que não iríamos enviar a proposta e muito menos participar daquela ou de qualquer outra concorrência.

O profissional levou um susto, insistiu, pediu, "por favor", que participássemos porque era uma mera formalidade e que certamente ganharíamos... E uma vez mais agradecemos, despedimo-nos e fomos embora.

Em chegando ao MMM, decidimos escrever um pequeno texto que desde então passa a integrar nossas apresentações, no qual manifestamos nossos sentimentos sobre o tema. O texto diz:

"Não somos prego, rosca, ruela, nem rebimboca da parafuseta. Com todo o respeito pelos inestimáveis serviços que esses artefatos prestam. Somos únicos. Nosso conhecimento é exclusivo. Impossível de ser comparado a outro prestador de serviços ou profissional. Não necessariamente melhor ou pior; repito, ÚNICO! Mais de 500 empresas confiaram em nós. Mais de 1.200 trabalhos realizados, mais de 3.000 marcas planejadas, criadas, posicionadas, e de total sucesso, constituem parte das nossas credenciais. Assim, qualquer comparação em concorrências lamentáveis, e, se topássemos, e como sempre, injustas e burras. Injustas para todos os envolvidos numa espécie de circo. E burras porque absolutamente impossível comparar laranja com banana e abacaxi. Cada um com suas credenciais, competências e merecimentos.

Por essa e muitas outras razões, não nos sentamos diante de uma mesa de compras nem por um milhão de cacetes e muito menos por um pote de ouro. Tamo fora. Definitivamente.

Assim, se você e sua empresa consideram e querem ter a seu lado a única consultoria empresarial de todo o mundo ideologicamente comprometida com o marketing – clientes e mercado –; a única que colocou em prática, testou e comprovou os ensinamentos monumentais de Peter Ferdinand Drucker, estamos a sua disposição para quantas conversas forem necessárias sem nenhum custo – até porque precisamos saber se é de nossos serviços que sua empresa verdadeiramente precisa –, e, depois, se for o caso, o encaminhamento de uma proposta. E isso não custa absolutamente nada. É um prazer, uma honra, motivo de alegria e felicidade.

Agora, se por acaso você está pensando em nos convidar para participar de uma concorrência, por favor, nem nos deixe saber. Temos uma ótima impressão de sua empresa e não gostaríamos de reconsiderar nossos sentimentos...".

Este comentário é uma homenagem a todos os verdadeiros e qualificados prestadores de serviços. Se você é prestador de serviços, jamais se submeta a essa manifestação de burrice monumental, que é participar de concorrências. Seu trabalho é único. Intelectual. De autor. Portanto, impossível de ser comparado com o que quer que seja.

Respeite-se, respeitando todos os demais autores, e que são todos os prestadores de serviços. De todos e quaisquer serviços. E na Sociedade do Conhecimento.

Cigarros, 50 anos depois

Nos anos 1970, quando a Philip Morris decidiu invadir o mercado brasileiro de cigarros, ainda não se tinha total consciência da devastação que o fumo faz na saúde das pessoas, e não existiam os cigarros contrabandeados das fábricas do Paraguai. O contrabando era exclusivamente das marcas internacionais, mas não existiam as marcas "made in Paraguai". Naquele momento, dos 100% do mercado, 70% eram da Souza Cruz (British American Tobacco), 15% Reynolds, e os restantes 15%, divididos entre a Sudan e duas dúzias de pequenas fábricas.

A Philip Morris, que batia e humilhava a British American Tobacco em todo o mundo, pensou, vou para o Brasil e em pouco tempo assumo a liderança. E assim fez, chegou, comprou a Reynolds, lançou suas grandes marcas como Marlboro, comprou outras fábricas menores, e, se conseguisse preservar a participação das empresas que comprou e nada mais acontecesse, hoje o tóxico mercado de cigarros em nosso país seria 70% Souza Cruz e 30% Philip Morris. Mas a realidade em 2019, fechados os números, é totalmente diferente.

Primeiro, uma queda expressiva no número de fumantes pela consciência do veneno que é o cigarro. Mas, e mesmo assim, dentre os mortos pelo coronavírus, parcela expressiva é constituída de fumantes ou ex-fumantes. Conclusão, um mercado significativamente menor.

Na briga específica entre Souza Cruz e Philip Morris, a Souza Cruz saiu-se muito melhor e se o mercado se restringisse apenas as duas, a Souza Cruz teria o equivalente a 85%, e a Philip Morris 15%, ou seja, a arrogante Philip Morris teria perdido metade do que comprou. Mas não foi nesse sentido que o mercado evoluiu.

No meio do caminho brotaram do nada as fábricas no Paraguai, que nasceram para abastecer o mercado brasileiro, tendo como absurda vantagem competitiva pagarem impostos pífios num dos produtos mais tributados e taxados no Brasil. E tendo como donos e criminosos alguns dos principais políticos daquele país onde passaram uma temporada, Ronaldinho e seu irmão Assis.

Conclusão, fotografia do ano de 2019, 57% de todo o mercado de cigarros no Brasil pertencem hoje às indústrias paraguaias. Ao invés das grandes marcas dos velhos tempos que lideravam o mercado como Hollywood, Minister, Continental, que foram construídas vendendo mentiras e mais mentiras, hoje a marca número 1 é a paraguaia Eight, com 16% de participação de mercado. E na sequência vem a Gift com 10%.

No ritmo atual, as marcas paraguaias deterão brevemente 60% do mercado, cabendo à Souza Cruz e Philip Morris, disputar os 40% que sobraram. Em tempo, e repetindo a grande vantagem competitiva das fábricas paraguaias. Os cigarros fabricados no Brasil pagam impostos correspondentes a 70% a 90% do preço. Os fabricados no Paraguai, 18%. Será que em algum momento o governo brasileiro exercerá uma pressão maior sobre o governo do Paraguai...

Ou é assim mesmo?

Por que a J&J demorou tanto...

Poucos sabem... O ano de 1886 é simplesmente mágico para a história dos negócios nos Estados Unidos. Nesse ano, o nascimento de quatro gigantes. Sears, Coca-Cola, Avon e Johnson & Johnson.

A Johnson & Johnson começa na pequena cidade de New Brunswick, New Jersey, Estados Unidos, criação dos irmãos Johnson: Robert, James e Edward. Deveria chamar-se Johnson & Johnson & Johnson... Mas, na hora h, optaram por dois Johnsons, apenas. Motivação dos irmãos: acabar com a carnificina e infecções hospitalares. Produzir compressa cirúrgica asséptica, de uso imediato, evitando que as pessoas operadas acabassem morrendo no pós-operatório pela falta de material adequado para curativos e demais providências. Chegou ao Brasil em 1933, no bairro da Mooca, cidade de São Paulo. E no quarto trimestre de 2019, registrou um lucro de mais de US$ 4 bi, último resultado disponível, em sua operação global.

Meses atrás, e finalmente, decidiu parar de vender um de seus produtos campeões, presente na vida de todas as crianças de todas as últimas décadas. Produto campeão aqui no Brasil e em muitos outros países. O talco infantil. Desde o início dos anos 1970, profissionais que trabalham na empresa e pais de crianças, vêm alertando a Johnson sobre a possível presença do amianto no consagrado e líder mundial talco infantil Johnson's Baby Power, um produto de 1893. Mais ou menos como se as papinhas que se dá para os bebês tivessem resíduos de minerais capazes de devastarem o sistema digestivo. E a empresa sempre dizia que não, que não passava de fábula urbana, e que o talco vendido em milhões de unidades a cada mês era e é, absoluta e comprovadamente, inofensivo. E parou por aí. Memorandos da época enviados por esses pais foram engavetados e esquecidos. Onde, dentre outras coisas, afirmavam que o talco estava potencialmente contaminado por amianto, mineral que poderia causar câncer.

No início dos anos 1980, a recorrência das denúncias e alertas internos por executivos da empresa e pais de recém-nascidos foi crescendo. E a empresa negando. As denúncias foram vazando, a opinião pública incomodando-se e começando a questionar a empresa. Enquanto isso, documentos internos começaram a aterrissar nas redações dos jornais americanos. Nesse momento a empresa rendeu-se e começou a fazer baterias de pesquisa. Mas sem jamais tornar público os resultados. Com os vazamentos para a imprensa, casais foram à loucura, e hoje a empresa responde a 19 mil processos apenas na Justiça americana. E se os primeiros ganhos de causa naquele país prevalecer, como vem acontecendo, a J&J teme por um vendaval mundial de processos que poderiam inviabilizar a empresa. E tudo isso se reveste e constitui num absurdo e paradoxal desafio para a empresa, que vem se reposicionando de forma radical e colocando-se, desde a virada do milênio, como, "J&J Saúde Todo Dia".

Balanço da crise abissal de imagem que a empresa enfrenta: 16 mil processos em julgamento apenas nos Estados Unidos. Desses 16 mil, apenas em 22 deles movido por mulheres com câncer no ovário pelo suposto contato com o talco saíram-se vitoriosas nos processos que moviam contra a empresa. Um tribunal de St. Louis, no Missouri, condenou a empresa a indenizar as 22 mulheres em US$ 4,69 bi. Em outros estados americanos, em proporção menor, a J&J também vem amargando derrotas e mais derrotas. E, no restante do mundo, a briga ainda não começou... De qualquer maneira, meses atrás, e finalmente, a empresa anunciou retirar o talco infantil de seu portfólio. Em seu comunicado diz, "A demanda pelo talco infantil na América do Norte sofreu uma queda em razão das mudanças nos hábitos dos consumidores e da desinformação sobre a segurança do produto". "Continuaremos a defender vigorosamente o produto, sua segurança e as alegações infundadas contra ele e a companhia na Justiça". "Todos os veredictos contra a empresa que passaram pelo processo de apelação foram anulados."

Krystal Kim, uma das 22 mulheres com câncer no ovário cujo processo contra a companhia resultou, em 2018, em um veredicto de US$ 4,69 bilhões contra a J&J, disse que a decisão de retirar o produto foi "um passo na direção certa". Mesmo assim, advogados acreditam que a batalha não terminou. "Apenas retirar o produto hoje das prateleiras não encerra o processo", disse Adam Zimmerman, professor da faculdade de direito Loyola, na Califórnia.

O amianto é conhecido por causar tipos de câncer que aparecem décadas após a exposição a ele. Alguns casos envolvendo produtos contaminados por esse material e retirados do mercado há muito tempo "continuam com o processo em andamento até hoje", afirmou Zimmerman. Não obstante goze de excelente imagem, muito especialmente pela sua relação com as crianças e seus pais, muito especialmente as mães, o fato é que a Johnson & Johnson tem um histórico de problemas com consumidores e a justiça surpreendente, paradoxal, chocante! Que passa, dentre muitos outros, pelo território dos opióides, e ainda outros produtos relevantes de sua linha, assim como pelo Risperdal, de sua subsidiária Janssen Pharmaceuticals, para esquizofrenia e transtorno bipolar, que é acusado de fazer nascer seios em homens.

Com tantas acusações, e muitos processos e condenações no correr de sua história, não deixa de ser surpreendente a ótima imagem que ainda os produtos da empresa têm. Uma das exceções da história do Branding, e que carece de estudos mais profundos.

Coisas do amor?

E aí, em meio à pandemia, flertes, como se dizia antigamente, ou namoros antigos, tentando atenuar ou compartilhar medos, e namoros novos ou já andados, decidem-se por uma aproximação maior.

E assim, muitos casais de namorados passaram a morar, party time, ou full time, sob um mesmo teto. Mas, como é da praxe hoje nas classes mais abastadas, imediatamente decidiram deixar tudo mais que combinado, às claras e às limpas, e registrado no papel. E assim, os tais de contratos de namoro, que já vinham crescendo nos últimos anos, mais que escalaram em tempos de pandemia.

Em matéria do caderno Legislação e Tributos do jornal Valor, e assinada por Beatriz Olivon, o título diz tudo, "Busca por contratos de namoro aumenta durante a pandemia". E aí a jornalista foi mais fundo, tentando conhecer qual o perfil recorrente e que busca esse tipo de proteção. Segundo o Dr. Rodrigo da Cunha Pereira, que preside o IBDFAM – Instituto Brasileiro do Direito de Família – o perfil clássico dos que buscam o contrato de namoro é formado por divorciados, que tinham se decidido e jurado jamais casar novamente, e que alimentam um relacionamento em que há diferença significativa de renda.

Qual a razão do sucesso e crescimento dos contratos de namoro? Segundo Rodrigo: "Quando não existia essa possibilidade, prevalecia a chamada união estável. Com a mudança de costumes há um limiar muito tênue entre namoro e união estável na prática. A diferença é que o contrato de namoro não gera direitos, e a união estável, sim." E explica, "Na união estável, e em casos de separação, o parceiro tem direito a metade do que foi adquirido ou conquistado enquanto vigorou a união...". Os bens anteriores permanecem indivisíveis, mas os frutos colhidos durante o relacionamento pertencem 50% a cada uma das partes.

Ok, compreendido? Vamos agora transpor o tema para os negócios e para o ambiente corporativo.

Neste exato momento, em que começa a nascer a Sharing Economy, – economia por compartilhamento –, onde as empresas mais que se somarem ou se associarem ou se fundirem, compartilham competências específicas, de certa forma o tal do contrato de namoro também se aplica.

Claro, não com essa denominação. Numa espécie de associação por tempo certo e finalidades específicas. Alguma coisa semelhante, como acontece no mercado imobiliário e de construção, onde cada obra prevê um contrato específico. Que se extingue quando a finalidade – construir um prédio, por exemplo – for alcançada. Contrato por obra específica, e só vale para aquele evento. Esse tipo de relacionamento e contrato, daqui para frente, tende a crescer e prevalecer cada vez mais na relação entre empresas.

E assim, gradativamente, só por outras e relevantes razões, e mesmo assim, excepcionalmente, deve se considerar processos de fusões. Tornaram-se, além do elevadíssimo risco, absolutamente desnecessárias, disfuncionais e improdutivas, diante de uma nova realidade. Portanto, e daqui para frente, cada vez mais no ambiente corporativo, prevalece a canção de Fernando Lobo. Tudo, por todos os aprendizados de 200 anos no ambiente corporativo, caminha-se cada vez mais para as tais chuvas de verão.

"Podemos ser amigos simplesmente
Coisas do amor nunca mais
Amores do passado, no presente
Repetem velhos temas tão banais
Ressentimentos passam como o vento
São coisas de momento
São chuvas de verão
Trazer uma aflição dentro do peito
É dar vida a um defeito
Que se extingue com a razão."

Se é assim, porque insistir sem a menor necessidade, em sociedades para sempre... Contratos de namoro ou sociedades com propósito específico e ponto.